それはわたしが外国人《がいこくじん》だから?

日本《にほん》の入管《にゅうかん》で起《お》こっていること

著《ちょ》　安田菜津紀《やすだなつき》
絵《え》・文《ぶん》　金井真紀《かないまき》

はじめに

みなさんは「多様性《たようせい》」ときいて、どんなことを思《おも》いうかべるでしょうか。最近《さいきん》はとくに、「多様性《たようせい》を大切《たいせつ》にしましょう」というスローガンを、いろいろなところで見《み》たりきいたりするようになりました。

この社会《しゃかい》はすでに、「多様《たよう》」です。性的少数者《せいてきしょうすうしゃ》の人《ひと》、障《しょう》がいとともに生《い》きる人《ひと》、そしてさまざまな肌《はだ》の色《いろ》や髪色《かみいろ》の人《ひと》、いろいろなルーツや国籍《こくせき》の人《ひと》たちが、ともにくらしています。

けれども多様《たよう》な人《ひと》たちがそこに「いる」というだけでは、多様性《たようせい》が「守《まも》られている」とはいえません。大切《たいせつ》なのは、それぞれが、自分《じぶん》の存在《そんざい》を否定《ひてい》されずに生《い》きることができ、安心《あんしん》して生活《せいかつ》をいとなむことができているか、ではないでしょうか。

この本《ほん》ではとくに、日本以外《にほんいがい》の国籍《こくせき》をもっている人《ひと》や、外国《がいこく》にルーツをもつ人《ひと》たちのことを、みなさんといっしょに考《かんが》えていきたいと思《おも》います。なぜなら、そうした人《ひと》たちのなかには

「日本《にほん》にいる資格《しかく》がない」、「日本《にほん》から出《で》ていくように」と言《い》われてしまったり、「人間《にんげん》らしい生活《せいかつ》」がとてもできないような状況《じょうきょう》に追《お》いやられてしまっている人《ひと》たちがいるからです。

「ルーツ」とは英語《えいご》で「根《ね》」という意味《いみ》です。その人《ひと》の親《おや》や祖父母《そふぼ》、あるいはもっとむかしの先祖《せんぞ》たちが、どんな場所《ばしょ》にくらし、どんな国《くに》や地域《ちいき》からやってきたのかなどを考《かんが》えるときに、このことばが使《つか》われます。

「国籍《こくせき》」とは、かんたんにいうと、国《くに》と人《ひと》を法律《ほうりつ》によってつなげるものです。わたしの場合《ばあい》、国籍《こくせき》は日本《にほん》で、法律上《ほうりつじょう》は日本《にほん》という国《くに》に属《ぞく》している、ということになります。たとえば、わたしが日本以外《にほんいがい》の国《くに》に旅《たび》をするときは、日本《にほん》のパスポートをつかいます。そのパスポートで日本《にほん》にまたくるときは、「帰国《きこく》」、つまり国籍《こくせき》のある国《くに》に「帰《かえ》ってきた」とあつかわれます。

また、国《くに》によっては、国籍《こくせき》をもっている人《ひと》に、いろいろな「しなければならないこと」、つまり義務《ぎむ》を課《か》します。たとえば「○○国籍《こくせき》をもっている若者《わかもの》は、全員《ぜんいん》2年間《ねんかん》、○○国《こく》の兵士《へいし》にならなければならない」などです。

一方《いっぽう》、国籍《こくせき》のちがいによって「権利《けんり》」に線《せん》が引《ひ》かれてしまうこともあります。たとえば日本《にほん》では、日本国籍《にほんこくせき》をもっている人《ひと》には、選挙《せんきょ》で投票《とうひょう》したり、選挙《せんきょ》に出《で》たりする権利《けんり》がありますが、それ以外《いがい》の人《ひと》たちにはみとめられていません。

ちなみに、ある国《くに》がなにか問題《もんだい》を起《お》こしたとき、その国籍《こくせき》をもつ人《ひと》をいっしょくたに攻撃《こうげき》することは差別《さべつ》にあたります。たとえば2022年《ねん》、ロシアという国家《こっか》がとなりの国《くに》のウクライナに戦争《せんそう》をしかけました。それじたいはけっしてあってはならないことです。だからといって、「ロシア人《じん》はみんな、わるい人《ひと》だ！」、「日本《にほん》から出《で》ていけ！」というあつかいをしてはいけないのです。○○国籍《こくせき》の人《ひと》がなにか違法《いほう》なことをしたり、わるいことをしたとき、「○○人《じん》はみんな、危険《きけん》な人間《にんげん》だ！」と決《き》めつけてしまうこともまちがっています。

すこし「国籍《こくせき》」の説明《せつめい》が長《なが》くなってしまいましたが、どれもこの本《ほん》を読《よ》み進《すす》めていくうえで大切《たいせつ》なことです。とちゅうで「あれ、国籍《こくせき》ってなんだっけ？」と思《おも》ったときは、ここをまた読《よ》んでみてください（第《だい》3章《しょう》のQ＆Aにもかきましたが、なかには国籍《こくせき》をもっていない人《ひと》もいます）。

さて、「多様性《たようせい》」の話《はなし》にもどりましょう。

みなさんのクラスのなかにも外国《がいこく》ルーツの友《とも》だちがいたり、街中《まちなか》のお店《みせ》で働《はたら》く人《ひと》のなかに外《がい》国《こく》ルーツらしい方《かた》を見《み》かける、ということがあるかもしれません。

「自分《じぶん》のまわりにはいないよ」という人《ひと》も、いちど立《た》ちどまって考《かんが》えてみてください。

「ルーツ」がかならずしも、見《み》た目《め》でわかるとはかぎりません。たとえばわたしの父親《ちちおや》の国《こく》籍《せき》は、韓国《かんこく》でした。父《ちち》の両親《りょうしん》、つまりわたしの祖父母《そふぼ》がむかし、日本《にほん》にわたってきたのだそうです。けれどもわたしの「見た目《みめ》」だけでは、わたしの父《ちち》の家族《かぞく》が日本以外《にほんいがい》の場所《ばしょ》からきた、ということはわからないかもしれません。

その逆《ぎゃく》もあります。肌《はだ》の色《いろ》や髪《かみ》の毛《け》など、からだの特徴《とくちょう》を見《み》て、「外国人《がいこくじん》かな？」と思《おも》っても、国籍《こくせき》が日本《にほん》の人《ひと》、日本《にほん》で育《そだ》ち、日常生活《にちじょうせいかつ》で話《はな》すことばも日本語《にほんご》、という人《ひと》もいます。

そして、外国《がいこく》ルーツの人《ひと》たちとのかかわりは、「見《み》える場所《ばしょ》」だけとはかぎりません。

みなさんは、きょう食《た》べたものが、どこからやってきて、だれが育《そだ》てたり、とってきたものなのだろうと、想像《そうぞう》したことはありますか。もしくは自分《じぶん》がいま着《き》ている服《ふく》が、いったいだれがどんなふうにつくったものなのだろうと、考《かんが》えてみたことがあるでしょうか。

いまわたしたちが食《た》べている野菜《やさい》や果物《くだもの》を育《そだ》てる農業《のうぎょう》、魚《さかな》をとってくる漁業《ぎょぎょう》、あるいは服《ふく》やタオルをつくる工場《こうじょう》などは、多《おお》くの外国人労働者《がいこくじんろうどうしゃ》の人《ひと》たちにささえられています。日本社会《にほんしゃかい》はもう、そうした人《ひと》たちなしで成《な》りたたない、といってもいいくらいです。

ただ、「経済《けいざい》をささえてくれる人《ひと》なら日本《にほん》に住《す》んでもいいよ」という「上《うえ》からの目線《めせん》」で人《ひと》を見《み》る社会《しゃかい》は、「多様性《たようせい》が守《まも》られている社会《しゃかい》」といえるでしょうか？　それはこのあと、ゆっくり考《かんが》えていきたいと思《おも》います。

日本《にほん》にはいま、３００万人以上《まんにんいじょう》の外国人《がいこくじん》がくらしています。ずっと日本《にほん》にくらすことができる「永住権《えいじゅうけん》」をもっている人《ひと》たち、労働《ろうどう》者《しゃ》の人《ひと》たち、日本人《にほんじん》と結婚《けっこん》した人《ひと》、勉強《べんきょう》しにきた留学生《りゅうがくせい》、外国人《がいこくじん》の親《おや》のもとに生《う》まれた子《こ》どもたち――。わたしのように、国籍《こくせき》は日本《にほん》でも、「外国《がいこく》ルーツ」の人《ひと》たちをくわえると、その数《かず》はもっと増《ふ》えるでしょう。

日本国籍以外《にほんこくせきいがい》の人《ひと》たちが、日本《にほん》に入国《にゅうこく》したり、日本《にほん》でくらしつづけたり、あるいは出《で》ていったりすることを「管理《かんり》」して、問題《もんだい》が起《お》きないように「監視《かんし》」（注意《ちゅうい》して見張《みは》ること）する役割《やくわり》を担《にな》っているのが、出入国在留管理庁《しゅつにゅうこくざいりゅうかんりちょう》（一般的《いっぱんてき》には入管《にゅうかん》と短《みじか》くしてよびます）です。

それぞれの地方《ちほう》には、出入国在留管理《しゅつにゅうこくざいりゅうかんり》局《きょく》がおかれています。

出入国《しゅつにゅうこく》の状況《じょうきょう》を「管理《かんり》」、「監視《かんし》」することは、必要《ひつよう》な場合《ばあい》もあるのかもしれませんが、国《くに》のあいだを行《ゆ》き来《き》しているのは、機械《きかい》ではなく人間《にんげん》です。ところが、取材《しゅざい》を進《すす》めてみると、生《い》きていくうえで大切《たいせつ》な権利《けんり》が制限《せいげん》されている人《ひと》がいることに気《き》がつきます。「家族《かぞく》といっしょにいたい」、「働《はたら》きつづけたい」、「医療《いりょう》を受《う》けたい」、「自《じ》由《ゆう》に日本《にほん》の中《なか》を移動《いどう》したい」など、「生活《せいかつ》する人《ひと》」としてあたりまえのはずの権利《けんり》が守《まも》られていないのです。だからこそ、法律《ほうりつ》を変《か》えたり、ととのえたりして、だれもが安心《あんしん》してくらせる社会《しゃかい》をめざしていく必要《ひつよう》があるはずです。

２０２３年《ねん》6月《がつ》、出入国《しゅつにゅうこく》や、外国人《がいこくじん》が日本《にほん》にくらすことにかかわる法律《ほうりつ》を変《か》えよう、ということが国会《こっかい》で決《き》められました。ところがその中身《なかみ》を見《み》てみると、外国人《がいこくじん》を「生活《せいかつ》する人《ひと》」としてよりも、ますます「管理《かんり》」、「監視《かんし》」する対象《たいしょう》にしていこう、という内容《ないよう》になっていました。けれどもこの問題《もんだい》を、どれだけの人《ひと》が知《し》っているでしょうか。

「それって外国人《がいこくじん》の問題《もんだい》でしょ?」、「自分《じぶん》には関係《かんけい》ないよ」――そう考《かんが》えて背《せ》をむけてしまう前《まえ》に、この社会《しゃかい》でともに生《い》きてきた人《ひと》びとの声《こえ》を、この本《ほん》をとおしてきいてみませんか。

ひとりめは、ガーナ国籍《こくせき》の両親《りょうしん》のもと、日本《にほん》で生《う》まれたリアナさん、ふたりめは、「英語《えいご》教《きょう》師《し》になりたい」と夢見《ゆめみ》てスリランカから来日《らいにち》したウィシュマさん、3人《にん》めは、トルコにくらしているとき、命《いのち》の危険《きけん》を感《かん》じて日本《にほん》にわたってきたアハメットさん、そして4人《にん》めは、戦争前《せんそうまえ》から日本《にほん》でくらしてきた、朝鮮半島《ちょうせんはんとう》にルーツのある石日分《そくいるぶん》さんです。

それぞれがちがった人生《じんせい》を歩《あゆ》んできましたが、４人《にん》の生《い》きた道《みち》のりをたどっていくと、日本《にほん》社会《しゃかい》でくらす日本国籍以外《にほんこくせきいがい》の人《ひと》たちが直面《ちょくめん》する、さまざまな「壁《かべ》」が見《み》えてきます。

そして最後《さいご》に、わたしたちひとりひとりはなにができるのかを考《かんが》えるために、文筆家《ぶんぴつか》・イラストレーターの金井真紀《かないまき》さんたちがはじめた「難民《なんみん》・移民《いみん》フェス」について、金井《かない》さんに紹介《しょうかい》してもらいます。

「多様性《たようせい》は大切《たいせつ》」ということばが、たんなる「ことば」でおわってしまうことがないよう、となりあって生《い》きる人《ひと》たちが、どんな日々《ひび》を送《おく》り、どんな困難《こんなん》をかかえているのかを、いっしょに見《み》ていきましょう。

もくじ

もくじ

もっと知《し》りたい！ Q&A

*この本《ほん》では、日本《にほん》でのくらしが安定《あんてい》しない人《ひと》がいることを考《かんが》え、本名《ほんみょう》ではなく、べつの名前《なまえ》となっている人《ひと》もいます。

*「もっと知《し》りたいQ&A《キューアンドエー》」は、本文中《ほんもんちゅう》の関連《かんれん》するところに印《しるし》とQ《キュー》の番号《ばんごう》をつけているので、ぜひ参考《さんこう》にしてください。

01

在留資格《ざいりゅうしかく》がないと 公園《こうえん》のなかの川《かわ》がわたれない？

リアナさんのお話《はなし》

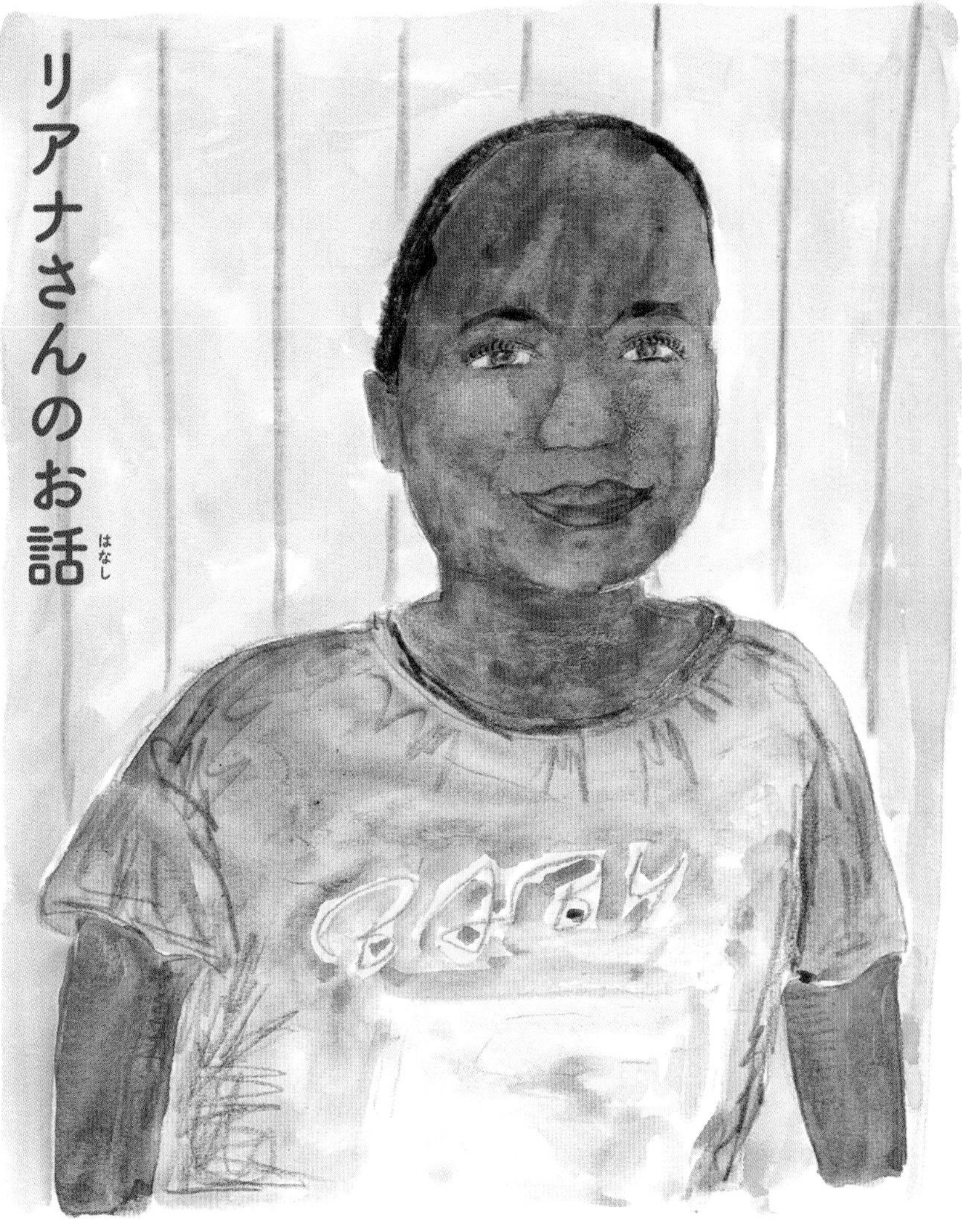

3つのことばがとびかう家族《かぞく》

西《にし》アフリカの国《くに》、ガーナときくと、チョコレートを思《おも》いうかべる人《ひと》も多《おお》いかもしれません。じっさい日本《にほん》は、チョコレートの原料《げんりょう》になるカカオをたくさん、ガーナから輸入《ゆにゅう》しています。農村《のうそん》の畑《はたけ》には、あたり一面《いちめん》、カカオの木《き》が生《お》いしげり、ラグビーボールのようにふくらんだ濃《こ》い黄色《きいろ》の実《み》がつらなります。都市部《としぶ》には大《おお》きなビルやホテルなども立《た》ちならんでいるガーナですが、それ以外《いがい》の地域《ちいき》との経済格差《けいざいかくさ》の問題《もんだい》は根深《ねぶか》く残《のこ》っています。

リアナさんの両親《りょうしん》は、1990年代《ねんだい》に来日《らいにち》し、埼玉県《さいたまけん》でくらしていました。お母《かあ》さんは44歳《さい》のときにリアナさんを産《う》みました。お医者《いしゃ》さんには「赤《あか》ちゃんは男《おとこ》の子《こ》」と言《い》われていましたが、いざ生《う》まれてきたのは、女《おんな》の子《こ》でした。お母《かあ》さんはそんなおどろきをないしょのまま家《いえ》に帰《かえ》り、なにも知《し》らずにおむつをかえようとしたお父《とう》さんは、「あれ！」とびっくりして、ふたりで大笑《おおわら》いしました。

ガーナの公用語《こうようご》（その国《くに》で、役所《やくしょ》や学校《がっこう》など公《おおやけ》の場《ば》でつかわれることば）は英語《えいご》ですが、そ

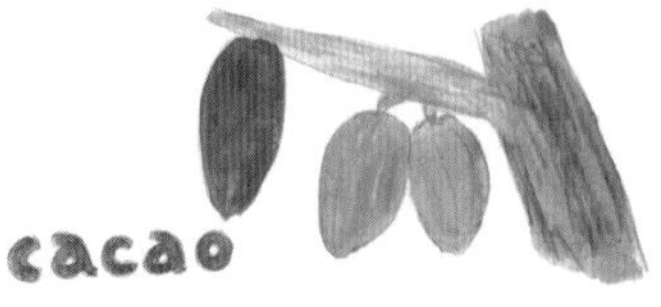

のほかに約《やく》70もの現地語《げんちご》があるとされています。リアナさんのお母《かあ》さん、お父《とう》さんどうしはチュイ語《ご》ということばで話《はな》しますが、リアナさんにはチュイ語《ご》のほかに、日本語《にほんご》、英語《えいご》もまぜて話《はな》しかけます。家族《かぞく》のなかではいつも、3つのことばがとびかっていました。

両親《りょうしん》は、鉄《てつ》の溶接作業場《ようせつさぎょうば》となりあうゴム工場《こうじょう》で働《はたら》いていました。家族《かぞく》が生活《せいかつ》する家《いえ》も、その工場《こうじょう》のなかです。キッチンと寝《ね》る部屋《へや》、そしておふろとトイレだけの小《ちい》さな住居《じゅうきょ》で、3人《にん》は身《み》をよせあってくらしていました。おふろはお湯《ゆ》が出《で》ず、いつもキッチンでお湯《ゆ》をわかしてバケツにうつし、その1杯《ぱい》でからだを洗《あら》っていました。

大《おお》きな機械《きかい》がごおっと動《うご》く音《おと》、キーンと金属《きんぞく》をつなげる音《おと》――。そんな「音《おと》」にかこまれた工場《こうじょう》のなかで、リアナさんがチリン、チリンと自転車《じてんしゃ》のベルを鳴《な》らしながら外《そと》の通路《つうろ》をとおると、「あら、りいちゃん！」と、働《はたら》いているおとなたちがやさしく声《こえ》をかけてきます。みな、リアナさんが生《う》まれる前《まえ》から、家族《かぞく》を見《み》まもってきた人《ひと》たちばかりです。

中庭《なかにわ》にはときどき、大《おお》きなのらねこたちが顔《かお》を見《み》せます。工場《こうじょう》は外《そと》から子《こ》どもがこられる場所《ばしょ》ではなかったので、リアナさんの遊《あそ》び相手《あいて》は、そんなねこたちでした。

「いっしょに遊《あそ》びたいけど、ねこたち、ちょっぴりこわいなあ……」

そんなとき、リアナさんは大《おお》きな灰色《はいいろ》のねこの人形《にんぎょう》を、のらねこたちの前《まえ》において、さっと身《み》をかくし、ものかげからそおっと、ようすをうかがっていました。

そのまま通路《つうろ》にぽつんと残《のこ》されたねこの人形《にんぎょう》を、「あらあら、りいちゃんがまたおいてっちゃったわ」と、工場《こうじょう》のだれかがいつもとどけてくれました。

お父《とう》さんは手先《てさき》がとても器用《きよう》で、くつしたに穴《あな》があいてしまっても、さっと

ぬってなおしてくれました。それを見《み》ていたリアナさんも、5、6歳《さい》のときにはもう、さいほうをおぼえ、人形《にんぎょう》たちの服《ふく》を自分《じぶん》でつくって着《き》せていました。

そんな日常をかさね、やがてリアナさんも大《おお》きくなり、小学校《しょうがっこう》の入学《にゅうがく》が目《め》の前《まえ》にせまってきました。ぐうぜんにも、リアナさんがかようことになった小学校《しょうがっこう》の先生《せんせい》のひとりは、リアナさんがくらす工場《こうじょう》の社長《しゃちょう》の家族《かぞく》でもありました。なれしたしんだことばではない日本語《にほんご》に苦労《くろう》してきた両親《りょうしん》を、先生《せんせい》が手伝《てつだ》い、もち物《もの》に名前《なまえ》のシールをはったり、うわばきに名前《なまえ》をかいたりして、これからはじまる学校生活《がっこうせいかつ》にそなえました。

いなくなってしまったお父《とう》さん

準備《じゅんび》もととのい、いよいよ入学《にゅうがく》をまつばかりです。けれども両親《りょうしん》にはひとつ、心配《しんぱい》なことがありました。ふたりとも、在留資格《ざいりゅうしかく》のある期間《きかん》をすぎてしまっていたのです。

第《だい》2章《しょう》でくわしく説明《せつめい》しますが、「在留資格《ざいりゅうしかく》」とは、日本《にほん》の国籍《こくせき》以外《いがい》の人《ひと》たちが、日本《にほん》でくらすために必要《ひつよう》とされている許可《きょか》のことです。リアナさんの両親《りょうしん》が来日《らいにち》したころ、景気《けいき》がよく、人手《ひとで》も足《た》りなかった日本社会《にほんしゃかい》は、多《おお》くの外国人労働者《がいこくじんろうどうしゃ》にささえられ、在留資格《ざいりゅうしかく》の期間《きかん》をこえて働《はたら》く人《ひと》たちに対《たい》しても、それほどきびしくはありませんでした。

そこでふたりは、近所《きんじょ》の役所《やくしょ》に相談《そうだん》に行《い》きました。ところが役所《やくしょ》の人《ひと》たちは、「在留資格《ざいりゅうしかく》がない外国人《がいこくじん》がいる」と、警察《けいさつ》に両親《りょうしん》のことを通報《つうほう》します。

その日《ひ》、リアナさんが幼稚園《ようちえん》のバスに乗《の》って帰《かえ》ってきても、家《いえ》の前《まえ》にはだれも出《で》てきませんでした。

「いつもなら、お母《かあ》さんがここで待《ま》っているのに……。どこに行《い》っちゃったんだろう?」

しかたなくもう一度《いちど》、先生《せんせい》たちといっしょに幼稚園《ようちえん》にもどりました。日《ひ》がくれても、だれもリアナさんをむかえにきません。やがて夜《よる》9時《じ》ごろ、ようやくお母《かあ》さんが幼稚園にすがたを見《み》せましたが、なぜか警察《けいさつ》のパトカーに乗《の》ってやってきました。

「こんな時間《じかん》までなにしてたんですか!」と園長先生《えんちょうせんせい》にひどくおこられたお母《かあ》さんは、「すみません、携帯電話《けいたいでんわ》を警察《けいさつ》にとられていて」と、なんどもあやまりました。そしてリアナさんもお母《かあ》さんといっしょにパトカーに乗《の》せられ、やっとのことで帰宅《きたく》しました。

ところが家《いえ》には、だれもいません。

「ねえ、お父《とう》さんはどこに行《い》っちゃったの?」

お母《かあ》さんにたずねてみても、なにもしゃべりません。ふだんはよく話《はな》す、元気《げんき》なお母《かあ》さんのようすが、いつもとはまったくちがいます。いったいなにが起《お》きているのかわからないまま、リアナさんもだまってひとりでおふろに入《はい》り、ねむりにつきました。

つぎの日《ひ》、リアナさんは、「お父《とう》さんに会《あ》いにいく」というお母《かあ》さんにつれられて、東京《とうきょう》に出《で》かけました。工場《こうじょう》のまわりでは見《み》たこともない空高《そらたか》くそびえ立《た》つビル群《ぐん》をぬけ、バスにゆられ、やがて見《み》なれない大《おお》きな建物《たてもの》にたどりつきます。「東京入国管理局《とうきょうにゅうこくかんりきょく》」（現在《げんざい》の東京出入国在留管理局《とうきょうしゅつにゅうこくざいりゅうかんりきょく》のこと。短《みじか》くして東京入管《とうきょうにゅうかん》ともいいます）という看板《かんばん》が、おさないリアナさんにはまだ読《よ》めませんでした。

「はじめに」でもふれたように、東京入管《とうきょうにゅうかん》は、出入国在留管理庁《しゅつにゅうこくざいりゅうかんりちょう》（入管《にゅうかん》）Q1《44ページ》の東京《とうきょう》にある部局《ぶきょく》です。入管《にゅうかん》とは、人《ひと》びとの日本《にほん》への出入《でい》りを審査《しんさ》したり、外国人《がいこくじん》が日本《にほん》に滞在《たいざい》できる期間《きかん》を守《まも》っているかどうかを管理《かんり》したりする政府《せいふ》の機関《きかん》です。

なかに入《はい》ると、外国人《がいこくじん》らしき人《ひと》たちがおおぜい行《い》きかい、いすにすわって、なにかの順番《じゅんばん》をまっているようです。

「ここはいったいどこなんだろう……」と不安《ふあん》げにあたりを見《み》わたすと、手《て》つづきなどをするらしい窓口《まどぐち》が目《め》にとまりました。そこにいる人《ひと》たちは、警察《けいさつ》ではなさそうですが、どこかみな、こわい顔《かお》をしているように見《み》えました。

やがてお母《かあ》さんとリアナさんは、透明《とうめい》なアクリルパネルでしきられた、せまい部屋《へや》にとおされます。しばらくするとそのアクリルのむこうのとびらが開《ひら》き、お父《とう》さんが顔《かお》をのぞかせました。

「お父《とう》さん！　どうしてお父《とう》さんがここにいるの？　どうしてお父《とう》さんのいるほうに行《い》けないの？」

リアナさんは混乱《こんらん》しました。そんなリアナさんに心配《しんぱい》をかけまいと、お父《とう》さんは無理《むり》をして笑《わら》っているように見《み》えました。でも、お母《かあ》さんとなにやら、深刻《しんこく》そうな話《はなし》をしています。しばらくするとお父《とう》さんはまた、職員《しょくいん》らしき人《ひと》たちにつれられていってしまいました。

「お父《とう》さんはなにかわるいことをしたのかな……」

あっというまに、とびらのむこうに消《き》えていくお父《とう》さんのせなかを、ただ見《み》つめることしかリアナさんにはできませんでした。

じつはお父《とう》さんは、この東京入管《とうきょうにゅうかん》に収容《しゅうよう》Q2《45ページ》されてしまっていたのです。「収容《しゅうよう》」は、人《ひと》を施設《しせつ》などに入《い》れる、という意味《いみ》ですが、入管《にゅうかん》への収容《しゅうよう》にかんしてはとくに、外《そと》にいる人《ひと》と連絡《れんらく》をとったり、会《あ》ったりすることにきびしい制限《せいげん》があります。

その数日後《すうじつご》、リアナさんとお母《かあ》さんは、かよっていた教会《きょうかい》の人《ひと》に付《つ》きそわれて、ふたたび東京入管《とうきょうにゅうかん》にやってきました。けれども付《つ》きそいの人《ひと》は、建物《たてもの》のとちゅうまでしか入《はい》ることができません。ふたりだけが、７階《かい》にある殺風景《さっぷうけい》な部屋《へや》にとおされました。しかもリアナさんは、その後《ご》すぐに、お母《かあ》さんとはべつの部屋《へや》に連《つ》れていかれました。

ところが30分《ぷん》たっても、１時間《じかん》たっても、だれも呼《よ》びにきてくれません。だんだん、こころぼそくなっていきます。付《つ》きそいの人《ひと》が買《か》ってくれた折《お》り紙《がみ》をしながら、リアナさんはただただ、お母《かあ》さんを待《ま》ちつづけていました。

２、３時間《じかん》がたったころ、「おいで」と声《こえ》をかけられ、ようやくお母《かあ》さんのいる部屋《へや》にもどります。そこにはなんと、手《て》じょうをされたままたおれているお母《かあ》さんのすがたがあるではありませんか！

部屋《へや》には何台《なんだい》も扇風機《せんぷうき》がおかれ、お母《かあ》さんのまわりを大人数《おおにんずう》の職員《しょくいん》たちがかこんでいます。ドアのそばに立《た》つ男《おとこ》の職員《しょくいん》は、なぜか笑《わら》いながら、お母《かあ》さんのほうをうちわであおいでいます。

「なんでなんで？　お母《かあ》さんどうしたの！」

なんど呼《よ》んでもお母《かあ》さんは目《め》をあけません。だれもその場《ば》で救急車《きゅうきゅうしゃ》を呼《よ》ばないことに

も、リアナさんはショックを受《う》けました。

　じつはお母《かあ》さんは気《き》をうしなってしまう前《まえ》、職員《しょくいん》の出《だ》してきた「書類《しょるい》」にサインをするよう言《い》われていました。ほとんど日本語《にほんご》でかいてあったので、くわしくは読《よ》めません。その場《ば》に通《つう》訳《やく》もいません。けれども英語《えいご》で「deportation《デポーテイション》（日本語《にほんご》で送還《そうかん》という意味《いみ》。送《おく》りかえすこと）」**Q2**《45ページ》とかいてあり、ようやく自分《じぶん》たちがガーナに帰国《きこく》させられる書類《しょるい》にサインをもとめられていることを理解《りかい》したのです。

　けれどもお父《とう》さん、お母《かあ》さんはずっと、日本《にほん》でくらしてきました。これまでつづけてきた仕《し》事《ごと》も、人《ひと》とのつながりも、生活《せいかつ》に必要《ひつよう》なものはすべて、日本《にほん》にあります。リアナさんも日本語《にほんご》を話《はな》し、これから日本《にほん》の小学校《しょうがっこう》に入学《にゅうがく》しようというときです。

「送還《そうかん》？　わたしたちは帰《かえ》れないよ！」とお母《かあ》さんは抵抗《ていこう》しましたが、職員《しょくいん》たちはなんどもサインするよう、強《つよ》く命令《めいれい》してきます。お母《かあ》さんは悲《かな》しくなり、呼吸《こきゅう》が苦《くる》しくなってたおれてしまったのです。

　けっきょく、おさないリアナさんがいたこともあってか、お母《かあ》さんとリアナさんはこの日《ひ》、解放《かいほう》されました。朝《あさ》に入管《にゅうかん》に到着《とうちゃく》していたにもかかわらず、出《で》てきたころにはもう、日《ひ》がくれていました。ずっと下《した》で待《ま》っていた付《つ》きそいの人《ひと》が、「どうしたの！」と心配《しんぱい》してむかえてくれたとき、お母《かあ》さんはこらえきれず、泣《な》きだしていました。

とつぜんはじまった「自由《じゆう》に移動《いどう》ができない」くらし

こうしてリアナさんは、お父《とう》さんがいないまま小学校《しょうがっこう》に入学《にゅうがく》することになりました。お母《かあ》さんもなんだかずっと、元気《げんき》がありません。

それから8か月《げつ》――。すこしずつ学校生活《がっこうせいかつ》にもなれてきたころ、いつものように授業《じゅぎょう》を終《お》えて家《いえ》に帰《かえ》り、部屋《へや》のとびらをあけると、なんとそこには、会《あ》いたかったお父《とう》さんのすがたがありました。

「お父《とう》さん！ やっと帰《かえ》ってこれたんだね！」

リアナさんは、うれしくてかけよりました。久《ひさ》しぶりに会《あ》ったお父《とう》さんは、収容《しゅうよう》される前《まえ》よりもずっとやせて見《み》えました。入管内《にゅうかんない》の食事《しょくじ》がほとんど食《た》べられず、みそしるばかり飲《の》んですごしていたお父《とう》さんは、収容前《しゅうようまえ》とくらべて10キロもやせてしまっていました。

お父《とう》さんはようやく、「仮放免《かりほうめん》」Q3 《46ページ》がみとめられて、収容《しゅうよう》から解放《かいほう》されたのです。

仮放免《かりほうめん》は、日本《にほん》に滞在《たいざい》する資格《しかく》はうしなったものの、入管《にゅうかん》の施設《しせつ》の外《そと》で生活《せいかつ》ができることです。

「生活《せいかつ》ができる」というと、「いいこと」のようにきこえるかもしれませんが、仮放免《かりほうめん》では、仕事《しごと》をすることも、健康保険《けんこうほけん》に入《はい》ることもみとめられません。健康保険《けんこうほけん》は、人《ひと》びとが安心《あんしん》してくらせるようにするための公的《こうてき》なしくみ（社会保障《しゃかいほしょう》といいます）のひとつです。それに入《はい》っていないと、病院《びょういん》にしはらう費用《ひよう》は高額《こうがく》になります。お父《とう》さんは、収容中《しゅうようちゅう》にひざをいためてしまっていましたが、病院《びょういん》に行《い》けば、多額《たがく》の医療費《いりょうひ》がのしかかってきます。働《はたら》いてそのお金《かね》をかせぐこともできません。しばらくは、ねむれないほどの痛《いた》みがあっても、たえるほかありませんでした。

とうとうそんながまんも限界《げんかい》をむかえ、病院《びょういん》に行《い》ってみると、ひざの骨《ほね》にうみがたまっていることがわかりました。お医者《いしゃ》さんは「足《あし》を切断《せつだん》するしかない」と診断《しんだん》し、健康保険《けんこうほけん》のないお父《とう》さんの手術《しゅじゅつ》には、３００万円《まんえん》もかかるというのです。

リアナさん一家《いっか》の生活《せいかつ》を心配《しんぱい》し、手助《てだす》けしてくれている支援団体《しえんだんたい》の人《ひと》たちがあちこちに連絡《れんらく》をとって、受《う》け入《い》れ先《さき》をさがし、ようやく神奈川県内《かながわけんない》で、仮放免《かりほうめん》の立場《たちば》について理解《りかい》のある別《べつ》のお医者《いしゃ》さんを見《み》つけることができました。埼玉《さいたま》から神奈川《かながわ》にかよう交通費《こうつうひ》を用意《ようい》するのもたいへんです。それでもなんとか、足《あし》を切断《せつだん》することなく、うみをとる手術《しゅじゅつ》をおえることができました。

これは、お父《とう》さんだけの問題《もんだい》ではありません。お母《かあ》さんも、そしてリアナさんじしんも、入管《にゅうかん》から仮放免《かりほうめん》とされていました。そのため、日本国籍《にほんこくせき》になっていたり、在留資格《ざいりゅうしかく》をもっている人《ひと》とはちがう自分《じぶん》の立場《たちば》を、おさないころから考《かんが》えなければいけませんでした。お母《かあ》さんも、リアナさんがトラブルにまきこまれないようにと、仮放免《かりほうめん》の人《ひと》びとが「守《まも》らなければいけない」とされているルールについて、口《くち》をすっぱくして言《い》いきかせました。

「近《ちか》くの○○駅《えき》に行《い》くときは、入管《にゅうかん》に行《い》って、許可《きょか》をもらわないといけないよ」

「どうして移動《いどう》するのに許可《きょか》が必要《ひつよう》なの？」

「それは……ママにもわからない」

リアナさんたちは、埼玉県《さいたまけん》に住《す》んでいました。近所《きんじょ》の○○駅《えき》は、歩《ある》いてすぐの距離《きょり》ですが、埼玉県《さいたまけん》ではありません。ほとんどの住人《じゅうにん》たちは、それをあまり意識《いしき》せずくらしているかもしれませんが、仮放免《かりほうめん》の立場《たちば》の人《ひと》たちは、「入管《にゅうかん》の許可《きょか》なく住《す》んでいる都道府県《とどうふけん》から外《そと》へ移動《いどう》してはいけない」ということを強《し》いられているのです。ちょうど県境《けんざかい》の街《まち》に住《す》んでいたリアナさんたちは、うっかりそのむこう側《がわ》に行《い》ってしまわないよう、いつも気《き》をつけていなければならないのです。

電車《でんしゃ》やバスでふと寝《ね》すごしたら、となりの県《けん》に行《い》ってしまうかもしれません。「もし埼玉県《さいたまけん》から一歩《いっぽ》でも出《で》たら、お父《とう》さんみたいに自分《じぶん》も入管《にゅうかん》に連《つ》れていかれちゃうかもしれない」と考《かんが》えると、リアナさんはこわくてたまりませんでした。

友《とも》だちとよく遊《あそ》ぶ近所《きんじょ》の公園《こうえん》は、埼玉県《さいたまけん》と東京都《とうきょうと》にまたがっていました。公園《こうえん》のまんなかを流《なが》れる小川《おがわ》をこえたら、もうそこは、東京都《とうきょうと》です。おにごっこをしているとき、友《とも》だちが橋《はし》をこえて逃《に》げていってしまうと、リアナさんはもう、追《お》いかけていくことができません。

「ねえ、なんでそこで止《と》まってるの？」

橋《はし》の前《まえ》で立《た》ちどまっているリアナさんに、友《とも》だちが不思議《ふしぎ》そうにたずねてきても、うまく説明《せつめい》できません。「うんとね……わたし、ちがう子《こ》、追《お》いかけてくるね！」と、はぐらかすことしかできませんでした。

それでもときどき、夢中《むちゅう》でザリガニをつったりしていると、知《し》らないあいだに県境《けんざかい》をこえそうになります。

「もしかしたらずっと、だれかに見《み》られているかもしれない。この線《せん》からすこしでも外《そと》に出《で》たら、わたし、つかまっちゃうのかな……」

そばに入管職員《にゅうかんしょくいん》がいないとわかっていても、リアナさんはいつも、そんな不安《ふあん》と緊張《きんちょう》をかかえていました。遊《あそ》んでいるはずなのに、どこかいつも、苦《くる》しいのです。

そんな「不自由《ふじゆう》」は、友《とも》だちと遊《あそ》ぶときだけではありません。リアナさんは、小学校《しょうがっこう》3年生《ねんせい》のころから、地元《じもと》でバスケットボールの小学生《しょうがくせい》チームにくわわりました。めきめきと上達《じょうたつ》し、やがてチームを引《ひ》っぱるほどの実力《じつりょく》を発揮《はっき》するようになります。

強《つよ》いチームだったこともあり、県外《けんがい》に試合《しあい》に行《い》くこともすくなくありませんでした。

「あした、となりの県《けん》のチームと試合《しあい》が決《き》まったぞー！」

「え……あした？」

コーチにそう言《い》われても、県境《けんざかい》をこえる許可《きょか》を取《と》りにいくには間《ま》に合《あ》いません。そもそも仮放免《かりほうめん》という立場《たちば》のことを、まわりのおとなはよく知《し》りませんでした。

「あしたは……家《いえ》の用事《ようじ》があって、行《い》けないんです」

すみません、と頭《あたま》をさげるお母《かあ》さんを、コーチはしかります。

「やる気《き》がないのか？　そんなにバスケをやりたくないなら、やめればいいじゃないか」

そんなことばをコーチから浴《あ》びせられるたびに、「ちがうよ、ほんとうはバスケがしたいのに」と、リアナさんは心《こころ》のなかでつぶやくことしかできず、くやしくなりました。

主力《しゅりょく》の選手《せんしゅ》だったこともあり、リアナさんが試合《しあい》に出《で》られないと、なかなかチームも勝《か》てません。県外《けんがい》の試合《しあい》に参加《さんか》しないリアナさんに、「どうしてこないの？」、「チームを勝《か》たせたくないの？」と、チームメイトたちまでが冷《つめ》たい態度《たいど》をとるようになりました。試合《しあい》に出《で》ても、あまりパスがまわってこないこともありました。

「働《はたら》いてはダメ」で苦《くる》しくなった生活《せいかつ》

仮放免中《かりほうめんちゅう》の両親《りょうしん》は、働《はたら》くことが認《みと》められていないため、教会《きょうかい》などから受《う》けるわずかな支援《しえん》をたよりに生活《せいかつ》をつないでいました。一食分《いっしょくぶん》の冷凍《れいとう》チャーハンを3等分《とうぶん》して食《た》べたり、ときには両親《りょうしん》が食《た》べるのをがまんしたこともありました。おかずはもちろんありません。学校《がっこう》の給食《きゅうしょく》をおかわりして食《た》べていましたが、バスケの運動量《うんどうりょう》とくらべて栄養《えいよう》がおいつかず、小学校《しょうがっこう》のときのリアナさんは、やせほそったまま走《はし》りつづけていました。

千葉県《ちばけん》が近《ちか》かったこともあり、リアナさんは友《とも》だちから「ディズニーランドに行《い》こう」と、なんどもさそわれましたが、そのたびに、「ディズニー、好《す》きじゃないんだよね」とことわっていました。ほんとうはディズニーが大好《だいす》きで、乗《の》ってみたいアトラクションもたくさんありました。けれども、県境《けんざかい》をこえるための許可《きょか》が必要《ひつよう》なうえ、入場《にゅうじょう》チケットを買《か》えるだけのお金《かね》はありませんでした。

中学生《ちゅうがくせい》になってから一度《いちど》だけ、入管《にゅうかん》に申請《しんせい》をして許可《きょか》がおり、念願《ねんがん》のディズニーランドに出《で》かけたことがありました。「ほんとうはディズニーランドに行《い》きたくてたまらない」とリアナさんが思《おも》っていることを知《し》っていたお母《かあ》さんが、お金《かね》をやりくりしてくれたのです。にぎやかな園内《えんない》のようすに、リアナさんはとてもわくわくしました。ところが友《とも》だちが、「ねえ、ミッキーの耳《みみ》をみんなおそろいで買《か》おう」ともりあがっていても、リアナさんのおさいふの中《なか》身《み》は、ほとんど残《のこ》っていませんでした。入場《にゅうじょう》チケットを買《か》うだけで、せいいっぱいだったのです。

あるときリアナさんは、練習《れんしゅう》試合《じあい》中《ちゅう》に、くすり指《ゆび》をけがしてしまいました。

「でも、病院《びょういん》に行《い》くお金《かね》なんてないし、がまんしなきゃ……」

けれども指《ゆび》はむらさき色《いろ》に変《か》わり、どんどんはれていきました。1週間《しゅうかん》たったころ、ようやく病院《びょういん》をおとずれると、骨折《こっせつ》していたことがわかります。このときはなんとか医療費《いりょうひ》のしはらいをすますことができましたが、もっと治療《ちりょう》がおくれていれば、骨《ほね》の成長《せいちょう》がとまってしまうようなけがでした。

リアナさんはその後《ご》もバスケで活躍《かつやく》をつづけ、大好《だいす》きな7番《ばん》のユニフォームを着《き》て、中学校《ちゅうがっこう》の部活《ぶかつ》を引退《いんたい》することができました。

リアナさんのプレーは、バスケの強《つよ》い学校《がっこう》の目《め》にとまり、いくつもの高校《こうこう》が、「うちにこない？」とすいせん入学《にゅうがく》の声《こえ》をかけてきました。そのひとつは、全国大会《ぜんこくたいかい》で優勝《ゆうしょう》するような高校《こうこう》でした。

ところがそのバスケ部《ぶ》は、海外《かいがい》での試合《しあい》にもよく出向《でむ》くチームだったのです。学校《がっこう》の関係者《かんけいしゃ》からはこう言《い》われてしまいます。

「きみは在留資格《ざいりゅうしかく》がないの？　そしたら海外《かいがい》の試合《しあい》にはこられないよね」

在留資格《ざいりゅうしかく》のないリアナさんの場合《ばあい》、日本《にほん》から出国《しゅっこく》することはできるかもしれませんが、ガーナ以外《いがい》の国《くに》に直接《ちょくせつ》行《い》くことはできないうえ、そこから5年《ねん》、10年《ねん》、あるいはずっと日本《にほん》にもどれなくなってしまうかもしれないのです。

リアナさんは、その高校《こうこう》への入学《にゅうがく》をあきらめるしかありませんでした。けっきょく、声《こえ》をかけてきた学校《がっこう》のうち、比較的《ひかくてき》かよいやすい東京《とうきょう》の高校《こうこう》に入《はい》ることを決《き》めます。「かよいやすい」といっても、県境《けんざかい》をこえる学校《がっこう》のため、通学《つうがく》には入管《にゅうかん》からの許可《きょか》が必要《ひつよう》なうえ、定期券《ていきけん》を買《か》うお金《かね》もありません。

そのころ、リアナさん家族《かぞく》は、3階建《がいだ》ての教会《きょうかい》の一角《いっかく》にある部屋《へや》にくらしていました。高校《こうこう》に入学《にゅうがく》すると、そこから片道《かたみち》50分《ぷん》かけ、自転車《じてんしゃ》で学校《がっこう》と家《いえ》とを往復《おうふく》する日々《ひび》がはじまりました。夏《なつ》はじりじりと照《て》りつけるひざしのもとで、冬《ふゆ》はこごえるような風《かぜ》にふかれながら、毎日《まいにち》自転車《じてんしゃ》をこぎつづけ、とつぜんの雨《あめ》にずぶぬれになりながら帰宅《きたく》したこともあります。

高校《こうこう》でのバスケの練習《れんしゅう》はきびしいものでした。休《やす》みはほとんどなく、土日《どにち》もずっと体育館《たいいくかん》ですごします。「1時間《じかん》とにかく走《はし》れ！」、「シュートはずしたぶんだけ走《はし》れ！」というきついト

レーニングがつづき、すっかりバスケが楽《たの》しくなくなってしまいました。

けれどもバスケのすいせん入学《にゅうがく》で高校《こうこう》に入《はい》ったリアナさんは、とちゅうでやめてしまうと、学費《がくひ》がかかってしまいます。やっとの思《おも》いで練習《れんしゅう》をこなしながら、受験勉強《じゅけんべんきょう》に打《う》ちこもうというときに、あるニュースがリアナさんたちのもとにとどきます。

「入管法《にゅうかんほう》が改正《かいせい》される——！」

「とにかく帰《かえ》れ」という法律《ほうりつ》になってしまう？

2021年《ねん》2月《がつ》、入管法《にゅうかんほう》（正式《せいしき》な名称《めいしょう》は、出入国管理《しゅつにゅうこくかんり》及《およ》び難民認定法《なんみんにんていほう》）改正案《かいせいあん》が国会《こっかい》に提出《ていしゅつ》されます。

入管法《にゅうかんほう》とは、国外《こくがい》から日本《にほん》にやってくる人《ひと》びとや、日本《にほん》から海外《かいがい》に出国《しゅっこく》する人《ひと》たちの手《て》つづきについて取《と》りきめた法律《ほうりつ》です。改正《かいせい》ということばから、法律《ほうりつ》が「よくなる」ことを想像《そうぞう》するかもしれませんが、法案《ほうあん》はそれとは真逆《まぎゃく》のものでした。

国会《こっかい》で議論《ぎろん》されていた新《あたら》しい法律《ほうりつ》の「案《あん》」では、リアナさんの家族《かぞく》のように、在留資格《ざいりゅうしかく》をうしなった人《ひと》たちが、「国《くに》に帰《かえ》れ」という命令《めいれい》にしたがわなければ、罰金《ばっきん》をはらうことになったり、刑務所《けいむしょ》に入《い》れられたりするかもしれないというのです。「どうしてその人《ひと》の国籍《こくせき》の国《くに》に帰《かえ》れないのか」という事情《じじょう》をていねいに聞《き》こうとするのではなく、「とにかく帰《かえ》れ、いやなら罰《ばつ》をあたえる」という法案《ほうあん》が出《だ》されたことに、リアナさんはいきどおりました。

「入管《にゅうかん》は、いったいどれだけわたしたちを苦《くる》しめるんだろう！　わたしは行《い》ったこともないガーナに〝帰《かえ》る〟ことになるの？　わたしって、この世《よ》に存在《そんざい》しちゃいけないの？」

それからというもの、お母《かあ》さんは、リアナさんよりはやく家《いえ》を出《で》て、この法案《ほうあん》に反対《はんたい》する集《しゅう》会《かい》に出《で》かけるようになりました。

リアナさんもだまってはいられません。国会議員《こっかいぎいん》たちに会《あ》いにいき、いろいろなメディアで取材《しゅざい》を受《う》けました。自分《じぶん》や、自分《じぶん》の家族《かぞく》のためだけではありません。リアナさんのまわりには、おなじように、在留資格《ざいりゅうしかく》がないことで苦《くる》しんでいたり、親《おや》が入管《にゅうかん》に収容《しゅうよう》されて、取《と》りのこされてしまった子《こ》どもたちがいたのです。Q4 Q5《48～50ページ》目《め》がまわるほどのいそがしさのなかでも、リアナさんはそんな現状《げんじょう》をうったえつづけました。

リアナさんが出《で》たテレビ番組《ばんぐみ》などを見《み》た友人《ゆうじん》たちからは、「こんなことが日本《にほん》でおきてたの？」、「知《し》らなかったよ！」とつぎつぎ声《こえ》がかえってきました。ところがインターネット上《じょう》には、リアナさんたちに対《たい》する差別《さべつ》かき込《こ》みが、大量《たいりょう》に投稿《とうこう》されていきます。

「生《う》まれたときから犯罪者《はんざいしゃ》ってかわいそう」

「そんな親《おや》の元《もと》に生《う》まれて運《うん》がわるかったな」

「早《はや》くガーナに帰《かえ》れ！」

自分《じぶん》が犯罪《はんざい》を犯《おか》したわけでもないのに、たくさんのおとなたちから、まるで「悪人《あくにん》」のように言《い》われつづけると、リアナさんも苦《くる》しくなります。街中《まちなか》にいても、ふとこう思《おも》うのです。

「もしかしたら、日本《にほん》にいる人《ひと》はみんな、わたしのことを〝わるい人間《にんげん》〟だと思《おも》っているのかな……」

「帰《かえ》れ」と言《い》われたところで、自分《じぶん》の「帰《かえ》る場所《ばしょ》」は、両親《りょうしん》とくらしている自宅《じたく》しか思《おも》いあたりません。

あるとき、入管職員《にゅうかんしょくいん》にたずねてみたことがありました。

「帰《かえ》れって言《い》われても、わたしはどこに行《い》けばいいんですか？」

「それは、あなたの両親《りょうしん》の国《くに》でしょう」

「でもわたしは、日本《にほん》で生《う》まれて日本《にほん》で育《そだ》ってきたんですよ？」

「そんなことはわかってる。でもあなたの〝血《ち》〟が向《む》こうにあるでしょう」

ずいぶんと乱暴《らんぼう》ないいかたでした。こうして子《こ》どもの人権《じんけん》をうばうためにもちだされる「血《ち》」とはいったい、なんなのでしょうか？

またあるときには、入管職員《にゅうかんしょくいん》にこんなことを言《い》われました。

「両親《りょうしん》がガーナに帰《かえ》れば、あなたは日本生《にほんう》まれだし、ビザ（在留資格《ざいりゅうしかく》）あげるよ」

リアナさんはきっぱりこう言《い》いました。

「そんなきたないビザ、いらないです。わたしがもとめているのは、3人《にん》で日本《にほん》にいることだし、はなれることなんて考《かんが》えていません」

入管職員《にゅうかんしょくいん》はこうつづけます。

「16歳《さい》になったんだったら、自分《じぶん》で生活《せいかつ》もできるでしょう」

16歳《さい》といえば、高校《こうこう》1年生《ねんせい》の年齢《ねんれい》です。両親《りょうしん》ととつぜん引《ひ》きはなされ、たったひとりで自立《じりつ》して生活《せいかつ》できる16歳《さい》が、日本《にほん》にどれだけいるでしょうか。

「両親《りょうしん》ともつかまって入管《にゅうかん》に収容《しゅうよう》されても、あなたは施設《しせつ》へ行《い》けるからだいじょうぶでしょう」

そんなことを言《い》われたのも、一度《いちど》や二度《にど》ではありません。入管職員《にゅうかんしょくいん》がいう「施設《しせつ》」とは、児《じ》童養護施設《どうようごしせつ》のことです。それは、親《おや》をなくしたり、親《おや》から虐待《ぎゃくたい》を受《う》けたりと、さまざまな事《じ》情《じょう》で家族《かぞく》といっしょにくらせない子《こ》どもたちが生活《せいかつ》し、自立《じりつ》のためにそなえる大切《たいせつ》な場所《ばしょ》です。けれども、そうした施設《しせつ》があることは、本来《ほんらい》いっしょにくらせるはずの家族《かぞく》を、むりやり引《ひ》きはなしていい理由《りゆう》にはなりません。

リアナさんの夢《ゆめ》と、その3つの理由《りゆう》

すこし、法案《ほうあん》の話《はなし》にもどりましょう。リアナさんやお母《かあ》さんをはじめ、おおぜいの人《ひと》たちから反対《はんたい》の声《こえ》があがった入管法改正案《にゅうかんほうかいせいあん》はけっきょく、２０２１年《ねん》5月《がつ》に、廃案《はいあん》（議決《ぎけつ》されず廃止《はいし》）となることが報《ほう》じられました。第《だい》2章《しょう》でくわしく伝《つた》えますが、スリランカ出身《しゅっしん》のウィシュマ・サンダマリさんが入管《にゅうかん》の施設《しせつ》でなくなったことが、新聞《しんぶん》やテレビで報道《ほうどう》されたことも、国会《こっかい》での議論《ぎろん》に大《おお》きな影響《えいきょう》をあたえました。

そしてその翌月《よくげつ》、まちにまった知《し》らせが、リアナさんのもとにとどきます。家族《かぞく》3人《にん》に、日《に》本《ほん》でくらすための在留特別許可《ざいりゅうとくべつきょか》（在留資格《ざいりゅうしかく》がなくなっても、法務大臣《ほうむだいじん》の特別《とくべつ》な許可《きょか》で、日本《にほん》に残《のこ》ることができること）がおりたのです。仮放免《かりほうめん》での生活《せいかつ》となって、すでに10年以上《ねんいじょう》がたっていました。

「ああ、やっとこの苦《くる》しい生活《せいかつ》がおわった！　やっとふつうのくらしができるんだ。お母《かあ》さんたちもまた仕事《しごと》ができるし、わたしもディズニーランドに、いつでも行《い》ける！」

しかしすぐに、リアナさんはこう考《かんが》えはじめます。

「自分《じぶん》がビザをもらえておわり、でいいのかな。苦《くる》しい思《おも》いをしている人《ひと》たちが、まだたくさんいるのに……」
ちょうど高校卒業後《こうこうそつぎょうご》の進路《しんろ》を本格的《ほんかくてき》に考《かんが》えていた時期《じき》です。じつはリアナさんは、小学生《しょうがくせい》のときからずっと、出産《しゅっさん》やその前後《ぜんご》の手助《てだす》けをする助産師《じょさんし》になることが夢《ゆめ》でした。

お母《かあ》さんはリアナさんを産《う》むとき、44歳《さい》だったこともあり、いろいろな病院《びょういん》から受《う》け入《い》れをことわられていました。高齢出産《こうれいしゅっさん》（35歳以上《さいいじょう》の出産《しゅっさん》）だと、お産《さん》が長引《ながび》いたり、病気《びょうき》にかかりやすかったりするからです。ただひとつ、「うちでみましょう」と引《ひ》き受《う》けてくれた病院《びょういん》の先生《せんせい》とは、その後《ご》も関係《かんけい》がつづき、「いつかここで働《はたら》きたい」と思《おも》ったのが最初《さいしょ》のきっかけでした。

その「助産師《じょさんし》になりたい」の夢《ゆめ》に、さらにふたつの理由《りゆう》がくわわりました。ひとつは、在留《ざいりゅう》資格《しかく》がなく、お金《かね》にもこまっている女性《じょせい》たちが、安心《あんしん》して出産《しゅっさん》するための環境《かんきょう》をつくることです。在留資格《ざいりゅうしかく》がない女性《じょせい》たちは、「どうせ日本《にほん》から出《で》ていくんだから、日本《にほん》で子《こ》どもを産《う》むな」と、入管職員《にゅうかんしょくいん》に言《い》われてしまうことがあるといいます。

「産《う》む権利《けんり》をうばわれるような状況《じょうきょう》をなんとかしたい。それに、ビザがなくてたいへんな子《こ》育《そだ》てをしている人《ひと》たちが、集《あつ》まれる場《ば》になるかもしれない」と、リアナさんは助産院《じょさんいん》を日本《にほん》で開業《かいぎょう》することをめざすようになりました。

もうひとつの理由《りゆう》は、自分《じぶん》のルーツがあるガーナにも、助産院《じょさんいん》をつくりたい、という思《おも》いです。すこしずつ都会《とかい》は発展《はってん》してきているとはいえ、いまだに農村《のうそん》では衛生状態《えいせいじょうたい》のよくない環境《かんきょう》での出産《しゅっさん》が多《おお》く、お母《かあ》さんと赤《あか》ちゃんがつながっているへその緒《お》を、日常《にちじょう》でつかっているハサミで切《き》ってしまい、そこから感染症《かんせんしょう》になってしまうこともあります。ガーナで女性《じょせい》や子《こ》どもたちが、出産《しゅっさん》のときに命《いのち》をおとすことがないようサポートしながら、看護教育《かんごきょういく》、助産《じょさん》の教育《きょういく》、そして「手《て》をしっかり洗《あら》おう」、「こんなふうに生活《せいかつ》していたら病気《びょうき》になりにくいよ」という、子《こ》どもたちの保健《ほけん》の授業《じゅぎょう》にも力《ちから》を入《い》れたいと思《おも》っています。

リアナさんはかつて、ガーナは「はずかしいところ」だと思《おも》っていました。入管職員《にゅうかんしょくいん》のなかには、「ガーナがダメだったから、日本《にほん》にきたんだよね」などと、両親《りょうしん》がいた国《くに》を「おくれている国《くに》」のように、わるくいう人《ひと》がいたからです。「アフリカの国《くに》だし、りっぱなビルもない貧乏《びんぼう》な国《くに》」というイメージで語《かた》られてしまうこともあります。リアナさんじしんも、そう思《おも》いこんでいたことがありました。

ところが高校生《こうこうせい》になり、インスタグラムやTikTok《ティックトック》のようなSNS《エスエヌエス》をつかいはじめると、そこには自分《じぶん》のイメージしていたガーナとはちがった一面《いちめん》が見《み》えてきました。リアナさんの目《め》にとびこんできたのは、首都《しゅと》アクラに建《た》つ大《おお》きな家《いえ》や、プールのあるホテルでした。街中《まちなか》だけではありません。農村《のうそん》からは、伝統的《でんとうてき》な布《ぬの》をつかったカラフルな衣装《いしょう》を着《き》た人《ひと》びとや、みりょく的な文化《ぶんか》を紹介《しょうかい》する動画《どうが》がたくさん投稿《とうこう》されています。

「いつかこんな人《ひと》たちと、いっしょに仕事《しごと》をしてみたい」と、リアナさんの夢《ゆめ》はふくらみました。

「前例《ぜんれい》」のないことに挑戦《ちょうせん》しているリアナさんは、大学《だいがく》に入《はい》ってからも、数々《かずかず》の壁《かべ》につきあたってきました。それはガーナにルーツをもつ、リアナさんの「見《み》た目《め》」に対《たい》するものです。

まき毛《げ》だったり、横《よこ》に広《ひろ》がることの多《おお》い黒人《こくじん》の髪《かみ》と、アフリカルーツではない人《ひと》びとの髪《かみ》ではおもな特徴《とくちょう》がちがい、それにまつわる文化《ぶんか》もことなります。黒人《こくじん》の伝統《でんとう》文化《ぶんか》では、頭皮《とうひ》にそった「コーンロウ」とよばれる編《あ》みこみにしたり、こまかく分《わ》けた毛束《けたば》を三《み》つ編《あ》みにする「ブレイズ」で髪《かみ》をまとめ、ケアします。

医療《いりょう》を学《まな》ぶリアナさんは、病院《びょういん》での実習《じっしゅう》をたくさん受《う》けることになります。ところが、その髪型《かみがた》を見《み》た先生《せんせい》たちから、「患《かん》

者《じゃ》さんがおどろいてしまうからと、病院《びょういん》にことわられるのでは」、「実習《じっしゅう》は外国人《がいこくじん》が多《おお》くいるようなところに行《い》こうね」と言《い》われたことがありました。

「郷《ごう》に入《い》っては郷《ごう》にしたがえ」ということわざがあります。その土地《とち》や集団《しゅうだん》に入《はい》ったら、自分《じぶん》の価値観《かちかん》とはちがっていても、そこにいる人《ひと》びととおなじような行動《こうどう》をとるべきだ、という意味《いみ》です。

「でもわたし、もともと〝郷《ごう》〟に入《はい》っているのにな……」と、リアナさんの気《き》もちはもやもやとします。

中学《ちゅうがく》や高校《こうこう》ではたしかに、髪型《かみがた》は校則《こうそく》によってきびしく制限《せいげん》されていました。

「でもよくよく考《かんが》えてみたら、自分《じぶん》の髪《かみ》の毛《け》をケアすることの、なにがいけないんだろう？　それに、髪型《かみがた》で自分《じぶん》の医療《いりょう》技術《ぎじゅつ》にちがいが出《で》るわけではないはずなのに」

そう説明《せつめい》しても、学校《がっこう》や病院《びょういん》は、「はじめてのことだからわからない」というのです。

いざ実習《じっしゅう》に行《い》ってみると、病院《びょういん》に来《く》るおじいさん、おばあさんたちから、「あら、かわいい髪型《かみがた》」、「どうやってやるの？」と、たえず声《こえ》をかけられ、すぐに「りいちゃん」と名前《なまえ》をおぼえてもらいました。患者《かんじゃ》さんたちとの信頼関係《しんらいかんけい》をきずき、とても充実《じゅうじつ》した日々《ひび》をかさねています。

ついに変《か》わってしまった法律《ほうりつ》

こうしてまっすぐ夢《ゆめ》に向《む》かいながらも、リアナさんには心配《しんぱい》の種《たね》が残《のこ》っています。

リアナさんが大学《だいがく》に入学《にゅうがく》すると、なぜか入管《にゅうかん》は、リアナさんの在留資格《ざいりゅうしかく》を「留学生《りゅうがくせい》」という立場《たちば》に切《き》りかえてしまったのです。両親《りょうしん》は「留学生《りゅうがくせい》」として日本《にほん》にいるリアナさんの「保護者《ほごしゃ》」というあつかいです。リアナさんが学校《がっこう》を卒業《そつぎょう》して、「留学生《りゅうがくせい》」ではなくなった場合《ばあい》、「保護者《ほごしゃ》」であるリアナさんの両親《りょうしん》は、ガーナに帰《かえ》らなければならないのでしょうか……?

そして2023年《ねん》6月《がつ》、リアナさんたちが必死《ひっし》に反対《はんたい》の声《こえ》をあげ、2年前《ねんまえ》に廃止《はいし》されたはずの入管法《にゅうかんほう》「改正案《かいせいあん》」とほぼ同《おな》じものが、国会《こっかい》でふたたび審議《しんぎ》され、こんどは廃案《はいあん》になることなく、成立《せいりつ》したのです。くわしいことは第《だい》5章《しょう》でお話《はなし》します。

もっと知《し》りたい！ Q&A

Q1 入管《にゅうかん》ってなんですか？

A1 日本《にほん》への出入《でい》りや滞在期間《たいざいきかん》を管理《かんり》する政府《せいふ》の機関《きかん》だよ

入管《にゅうかん》とは、人《ひと》びとの日本《にほん》への出入《でい》りや、日本《にほん》に滞在《たいざい》していい期間《きかん》を管理《かんり》する業務《ぎょうむ》をおこなう政府《せいふ》の機関《きかん》です。取《と》りしまりや監視《かんし》をすることで、「日本《にほん》の安全《あんぜん》を守《まも》る」役割《やくわり》をはたしているのだといいます。

ところが「はじめに」でふれたように、いまの入管《にゅうかん》のルールや運用《うんよう》では、「人《ひと》が人《ひと》として日本《にほん》でくらしつづける」ためのしくみがじゅうぶんにととのっていません。「国籍《こくせき》のある国《くに》から、家族《かぞく》をよびよせたい」、「仕事《しごと》を変《か》えたい」ということにも、入管《にゅうかん》の許可《きょか》が必要《ひつよう》で、きびしい制限《せいげん》を受《う》けることもあります。

リアナさんの家族《かぞく》のように、在留資格《ざいりゅうしかく》をうしなっても、国籍《こくせき》のある国《くに》（リアナさんの家《か》族《ぞく》の場合《ばあい》はガーナ）に帰《かえ》れない、という人《ひと》たちには、「働《はたら》いてはダメ」、「健康保険《けんこうほけん》にも入《はい》ってはダメ」、「許可《きょか》なく県境《けんざかい》をこえてはダメ」と、入管《にゅうかん》が決《き》めたさまざまな「ダメ」がつきまとうことになります。

Q2 入管施設《にゅうかんしせつ》への収容《しゅうよう》や、送還《そうかん》ってどういうこと？

A2 施設《しせつ》にとじこめるのが収容《しゅうよう》、国《くに》に送《おく》りかえすのが送還《そうかん》だよ

収容《しゅうよう》や送還《そうかん》は、入管《にゅうかん》の問題《もんだい》を考《かんが》えるうえでよく出《で》てくることばです。「収容《しゅうよう》」は施設《しせつ》に入《い》れる、「送還《そうかん》」は送《おく》りかえすという意味《いみ》ですが、入管《にゅうかん》の話《はなし》のなかでの「収容《しゅうよう》」は、入管《にゅうかん》の施設《しせつ》にとじこめること、「送還《そうかん》」は国籍《こくせき》のある国《くに》に帰《かえ》すことを指《さ》します。

では、どんなときに収容《しゅうよう》されたり、送還《そうかん》されたりするのでしょうか？

「仕事《しごと》をうしなってしまった」、「学校《がっこう》にかよえなくなってしまった」、「日本人《にほんじん》と結婚《けっこん》していたけれど、離婚《りこん》した」——。こうした生活《せいかつ》の変化《へんか》で、外国籍《がいこくせき》の人《ひと》は日本《にほん》での在留資格《ざいりゅうしかく》をうしなってしまうことがあります。そして、「国《くに》に帰《かえ》ってください」という命令《めいれい》を受《う》け、国籍《こくせき》のある国《くに》に帰国《きこく》させられる、つまり送還《そうかん》される場合《ばあい》があります。入管施設《にゅうかんしせつ》への収容《しゅうよう》は

本来《ほんらい》、送還《そうかん》までの「準備《じゅんび》」としておこなわれるもののはずでした。ところがじっさいには、いろいろな事情《じじょう》をかかえて「帰《かえ》れない」人《ひと》たちまで、長《なが》いあいだ、収容《しゅうよう》してしまうことがすくなくありません。

施設《しせつ》にとじこめたり、解放《かいほう》したり、という決定《けってい》は、裁判所《さいばんしょ》などがおこなうのではなく、すべて入管《にゅうかん》がとても強《つよ》い権限《けんげん》で決《き》めることができます。たとえ子《こ》どもがいても、日本人《にほんじん》と結婚《けっこん》していても、収容《しゅうよう》されてしまうことがあります。

収容《しゅうよう》の期間《きかん》にも上限《じょうげん》がないので、何年《なんねん》も何年《なんねん》もとじこめられたまま、「自分《じぶん》はいつか外《そと》に出《で》られるのかな、それともずっとこのままなのかな」と不安《ふあん》をかかえている人《ひと》たちもいます。

こうした収容《しゅうよう》のありかたは、国連《こくれん》や国際機関《こくさいきかん》などから、「拷問《ごうもん》だ」、「変《か》えるべき」となんども指摘《してき》を受《う》けていますが、改善《かいぜん》されてきませんでした。

Q3 仮放免《かりほうめん》って、どうやって決《き》められるの？

A3 なにを基準《きじゅん》にどんな判断《はんだん》がされているのか、よくわからないんだ

その人《ひと》を入管《にゅうかん》の施設《しせつ》に収容《しゅうよう》しつづけるのか、それとも解放《かいほう》して、仮放免《かりほうめん》にするのか——じつは入管《にゅうかん》のなかでなにを基準《きじゅん》に、どんな判断《はんだん》がされているのかについて、しっかりと説明《せつめい》がされていません。リアナさんのお父《とう》さんは、なぜ仮放免《かりほうめん》になったのか、本人《ほんにん》たちにもはっきり知《し》らされないのです。

たとえばイギリスでは、日本《にほん》でいう仮放免《かりほうめん》にあたる判断《はんだん》を、入管《にゅうかん》ではなく、「移民難民《いみんなんみん》審判所《しんぱんしょ》」というべつの機関《きかん》がおこないます。この審判所《しんぱんしょ》でどんなやりとりがなされているのか、収容《しゅうよう》されている本人《ほんにん》も、ビデオをとおして見《み》ることができます。リアナさんのお父《とう》さんのように、「なぜ解放《かいほう》されたの？」ということがまったくわからない状況《じょうきょう》にはなりません。

Q4 在留資格《ざいりゅうしかく》のない子《こ》どもは日本《にほん》にどれくらいいる？ 学校《がっこう》には行《い》っている？

A4 教育《きょういく》を受《う》けられても、支援《しえん》が足《た》りなくてかよいつづけられない子《こ》もいるよ

日本《にほん》には2023年《ねん》9月《がつ》時点《じてん》で、在留資格《ざいりゅうしかく》のない18歳未満《さいみまん》の子《こ》どもたちは295人《にん》いるとされていました。

たしかにそうした子《こ》どもたちでも、日本《にほん》の学校《がっこう》にかようことはできます（とくに小中学校《しょうちゅうがっこう》での義務教育《ぎむきょういく》は、政府《せいふ》も「受《う》けられる」という考《かんが》えをしめしています）。問題《もんだい》は在留資格《ざいりゅうしかく》のない子《こ》どもたちが、くらしている自治体《じちたい》に「住民《じゅうみん》」として登録《とうろく》されていないことです。

たとえば○△市《し》にくらし、○△市《し》の「住民《じゅうみん》」として登録《とうろく》されているAさんが、小学校《しょうがっこう》に入学《にゅうがく》する年齢《ねんれい》になったとします。○△市《し》の教育委員会《きょういくいいんかい》は、その登録《とうろく》されている情報《じょうほう》をもとに、「4月《がつ》×日《にち》が入学《にゅうがく》の日《ひ》です」という通知《つうち》をA《エー》さんの保護者《ほごしゃ》にとどけます。

ところが、「住民《じゅうみん》」として登録《とうろく》されていない子《こ》どもたちや保護者《ほごしゃ》のもとには、その知《し》らせがとどきません。

保護者《ほごしゃ》も子《こ》どもも、日本語《にほんご》があまり話《はな》せない場合《ばあい》は、「どこの学校《がっこう》に、どうやったら入学《にゅうがく》

できるの?」という情報《じょうほう》をさがすだけでも一苦労《ひとくろう》です。ようやく入学《にゅうがく》ができたとしても、先生《せんせい》や友《とも》だちのことばがわからなかったり、読《よ》み書《か》きなどの勉強《べんきょう》についていけず、学校《がっこう》に行《い》くことをやめてしまう場合《ばあい》もあります。かといって親《おや》たちが働《はたら》くことができなければ、お金《かね》をはらって塾《じゅく》などにかようこともむずかしいでしょう。

また、学校《がっこう》にかよい、将来《しょうらい》の夢《ゆめ》をえがいたとしても、「どうせ仮放免《かりほうめん》なんだから働《はたら》けないでしょ? 勉強《べんきょう》してもむだだよ」、「日本《にほん》から出《で》ていくことになるんだから、サッカーなんてがんばっても選手《せんしゅ》にはなれないよ」などと入管《にゅうかん》で言《い》われ、心《こころ》をへしおられてしまうこともあります。

高校《こうこう》に進《すす》むとなるとハードルはさらに高《たか》くなります。公立高校《こうりつこうこう》でも学費《がくひ》の負担《ふたん》があるうえに、在留資格《ざいりゅうしかく》がない場合《ばあい》、奨学金《しょうがくきん》を借《か》りることがむずかしくなります。なんとか大学《だいがく》進学《しんがく》をめざしても、大学側《だいがくがわ》が仮放免《かりほうめん》についてよく知《し》らず、「在留資格《ざいりゅうしかく》がないなら、うちにはかよえないよ」とことわられてしまうことがすくなくありません。

Q5 日本《にほん》にくらす、在留資格《ざいりゅうしかく》のない子《こ》どもたちはどうなるの?

A5 特別《とくべつ》に在留許可《ざいりゅうきょか》をあたえると政府《せいふ》は発表《はっぴょう》したけれど、もらえない子《こ》もいるよ

2023年《ねん》8月《がつ》、法務大臣《ほうむだいじん》は、在留資格《ざいりゅうしかく》のない子《こ》どもたちのうち、日本《にほん》で生《う》まれた約《やく》140人《にん》の子《こ》どもたちに在留資格《ざいりゅうしかく》をあたえると発表《はっぴょう》しました。けれども親《おや》が過去《かこ》、犯罪《はんざい》を犯《おか》しているなどの場合《ばあい》は、子《こ》どもの在留《ざいりゅう》もみとめないとしています。親《おや》と子《こ》は、たしかに家族《かぞく》ですが、べつべつの人間《にんげん》です。親《おや》の罪《つみ》のために、なぜ子《こ》どもの生活《せいかつ》までもが、こうしたかたちで影響《えいきょう》を受《う》けなければならないのでしょうか。

また、在留《ざいりゅう》がみとめられるのは、リアナさんのように「日本《にほん》で生《う》まれた」場合《ばあい》にかぎられます。おさないときに日本《にほん》にきた子《こ》どもたちの問題《もんだい》は、おきざりのままです。おなじ家族《かぞく》のなかで、日本《にほん》で生《う》まれた子《こ》どもには在留許可《ざいりゅうきょか》があたえられても、生《う》まれてから日本《にほん》にきた上《うえ》のきょうだいたちは、その対象《たいしょう》にならないのです。

そのうえ、この在留特別許可《ざいりゅうとくべつきょか》は「今回《こんかい》かぎり」だと法務大臣《ほうむだいじん》はいっています。在留資格《ざいりゅうしかく》をそれでも得《え》ることができなかった子《こ》どもたちや、今後《こんご》、うしなってしまうかもしれない子《こ》どもたちはどうなるのでしょうか。

リアナさんの経験《けいけん》してきたたいへんなできごとを、もう一度《いちど》思《おも》い出《だ》してみてください。日《に》本《ほん》は国連《こくれん》の「子《こ》どもの権利条約《けんりじょうやく》」にくわわっています。この条約《じょうやく》は、子《こ》どものさまざまな権利《けんり》についての国際的《こくさいてき》なとりきめで、１９６の国《くに》・地域《ちいき》が参加《さんか》をしています（２０２３年《ねん》12月時点《がつじてん》）。差別《さべつ》されない権利《けんり》、むりやり働《はたら》かされない権利《けんり》、教育《きょういく》を受《う》ける権利《けんり》、自由《じゆう》に意《い》見《けん》をいう権利《けんり》、親《おや》と引《ひ》きはなされない権利《けんり》、医療《いりょう》を受《う》ける権利《けんり》——これを読《よ》んでいるみなさんにも、その権利《けんり》があるのです。

そして、この条約《じょうやく》にくわわっている国《くに》の政府《せいふ》は、子《こ》どもにかんすることを決《き》めるとき、「その子《こ》どもにとってもっともよいことはなにか」を第一《だいいち》に考《かんが》えなければなりません。どんなルーツの子《こ》どもたちであっても、安心《あんしん》してくらす権利《けんり》を守《まも》る責任《せきにん》があるのです。

在留資格《ざいりゅうしかく》をあたえるかあたえないかで、子《こ》どもたちのなかに「線引《せんび》き」をすることは、その責任《せきにん》をはたしているといえるでしょうか。

02

「日本《にほん》の子《こ》どもたちに
英語《えいご》を教《おし》えたい」
と夢見《ゆめみ》ていたのに

ウィシュマさんのお話《はなし》

この章《しょう》では、ウィシュマ・サンダマリさんのことを知《し》る、ご家族《かぞく》、支援者《しえんしゃ》たちのことばをもとに、ウィシュマさんがどう生《い》きてきたのか、どんなことを経験《けいけん》したのかをかいています。

のびのびと育《そだ》った三姉妹《さんしまい》

スリランカでいちばん大《おお》きな都市《とし》、コロンボから、車《くるま》で走《はし》ること1時間《じかん》。大《おお》きな三輪自動車《さんりんじどうしゃ》に客席《きゃくせき》をつけた「トゥクトゥク」とよばれる乗《の》りもので、商店《しょうてん》がならぶにぎやかな通《とお》りをぬけ、ココナッツの木々《きぎ》にかこまれた細道《ほそみち》を進《すす》んでいくと、田《た》んぼが広《ひろ》がるのどかな村《むら》にたどりつきます。

民家《みんか》ののき先《さき》には、洗濯物《せんたくもの》をほしたり、野菜《やさい》やフルーツをつむ人《ひと》びとのすがたがあります。道《みち》ばたでは、大《おお》きな犬《いぬ》たちが、のんびり昼寝《ひるね》をしたり、ぶらぶらと散歩《さんぽ》したりしています。

スリランカは1年《ねん》をとおしてむし暑《あつ》く、ときおりスコールというはげしい雨《あめ》がとおりすぎると、大空《おおぞら》に虹《にじ》がすがたをあらわします。「虹《にじ》の下《した》には宝物《たからもの》がある」といういいつたえがあることを知《し》った子《こ》どものころのウィシュマ・サンダマリさんは、「宝《たから》さがしに出《で》かけよう！」と、妹《いもうと》のワヨミさん、ポールニマさんをつれて、雨《あめ》あがりの村《むら》へと探検《たんけん》に出《で》かけていました。

坂道《さかみち》をこえたところにある、コンクリートづくりの白《しろ》い壁《かべ》の家《いえ》で、ウィシュマさんは育《そだ》ちました。広《ひろ》い庭《にわ》には、いがいがとしたぶあつい皮《かわ》につつまれたジャックフルーツや、片手《かたて》におさまらないほど大《おお》きなマンゴーが実《み》をつけ、その足《あし》もとには、つやつやと輝《かがや》くとうがらしの赤《あか》い実《み》がつらなっています。

庭《にわ》のかどには、背《せ》の高《たか》いココナッツの木《き》がのびていて、なかでも、オレンジ色《いろ》にかがやく実《み》は「キングココナッツ」とよばれています。実《み》のはしをわって、直接口《ちょくせつくち》をつけ、ほんのりあまいココナッツジュースをぐいっと飲《の》みほすと、暑《あつ》さを忘《わす》れるほどすがすがしい気《き》もちが心《こころ》いっぱいに広《ひろ》がります。

おさないころから活発《かっぱつ》だったウィシュマさんは、妹《いもうと》たちをさそい、ビンロウとよばれる木《き》の大《おお》きな葉《は》っぱをソリにして引《ひ》っぱったり、田《た》んぼのまんなかで水遊《みずあそ》びをしたりしてすごしました。ときどき、姉妹《しまい》で小魚《こざかな》をつかまえ、バケツで家《いえ》にもちかえることがありましたが、お父《とう》さんはきまって池《いけ》にもどさせました。

「小《ちい》さな水《すい》そうでかっていたら、弱《よわ》ってしまうかもしれないよ。命《いのち》をだいじにしなさい」

お父《とう》さんは、「命《いのち》あるものをむやみに殺《ころ》してはいけない」という仏教《ぶっきょう》の教《おし》えを大切《たいせつ》にする人《ひと》だったのです。

理髪店《りはつてん》をいとなんでいたお父《とう》さんは、すこしでも長《なが》く娘《むすめ》たちといっしょに時間《じかん》をすごせるようにと、家《いえ》のすぐそばにお店《みせ》をかまえていました。三姉妹《さんしまい》は学校《がっこう》がおわると、「はやくお父《とう》さんに会《あ》いたい！」とそのお店《みせ》にとんでいき、お客《きゃく》さんのためのひげそりクリームをつくったり、髪《かみ》を切《き》る道具《どうぐ》をととのえたりしながら、お父《とう》さんの手伝《てつだ》いをしました。

「きょうは学校《がっこう》でこんなことがあったの！」

「友《とも》だちとこんな遊《あそ》びをしたんだよ！」

夢中《むちゅう》で語《かた》る娘《むすめ》たちの話《はなし》に、お父《とう》さんはいつもうれしそうに耳《みみ》をかたむけていました。

ウィシュマさんとふたりの妹《いもうと》たちは、小《ちい》さな部屋《へや》にふたつならんだベッドを、3人《にん》いっしょにつかっていました。あるとき、夢中《むちゅう》になって動物《どうぶつ》やアニメキャラクターの絵《え》を部屋《へや》の壁《かべ》にかいていると、気《き》づいたときにはさあたいへん！　シーツが絵具《えのぐ》でぐちゃぐちゃによごれてしまっていました。

「このままじゃお母《かあ》さんにおこられる！」

すぐに部屋《へや》にとんできて、しかろうとするお母《かあ》さんに、お父《とう》さんはわらってこういいました。

「おこらなくていいさ。子《こ》どもたちが想像力豊《そうぞうりょくゆた》かなのは、すばらしいことじゃないか」

こうして三姉妹《さんしまい》は、おだやかな両親《りょうしん》に見《み》まもられながら、のびのびと育《そだ》ちました。

日本《にほん》の子《こ》どもたちに英語《えいご》を教《おし》えてみたい

ウィシュマさんは、子《こ》どものころから英語《えいご》の勉強《べんきょう》が大好《だいす》きでした。お父《とう》さんに買《か》ってもらったシンハラ語《ご》（スリランカの公用語《こうようご》のひとつ）と英語《えいご》の辞書《じしょ》は、毎日《まいにち》のようにめくって単語《たんご》をおぼえていると、あっというまにボロボロになってしまいました。それに気《き》がついたお父《とう》さんは、「これはいけない！」と、辞書《じしょ》のカバーを手《て》づくりしてくれました。

もうひとつ、ウィシュマさんが大切《たいせつ》にしていたことがあります。お父《とう》さんの影響《えいきょう》もあり、近所《きんじょ》のお寺《てら》の「日曜学校《にちようがっこう》」で、熱心《ねっしん》に仏教《ぶっきょう》を学《まな》んでいたのです。

お寺《てら》の庭《にわ》に足《あし》をふみいれると、風《かぜ》にそよぐ木々《きぎ》の葉音《はおと》とともに、どこか楽《たの》しげな鳥《とり》の声《こえ》がひびいてきます。見《み》あげると、ときおり、リスたちが枝《えだ》のあいだをせわしなくかけまわっているすがたが見《み》えました。

菩提樹《ぼだいじゅ》とよばれる背《せ》の高《たか》い青々《あおあお》とした木《き》のまわりは神聖《しんせい》な場所《ばしょ》なので、みんな、くつを脱《ぬ》ぎ、はだしで歩《ある》きます。砂《すな》のひんやりとした感触《かんしょく》が、足《あし》のうらにここちよく伝《つた》わってきます。ウィシュマさんはこの場所《ばしょ》がすぐ好《す》きになり、なにか心《こころ》になやみをかかえたときには、仏像《ぶつぞう》の前《まえ》に腰《こし》をおろし、しずかに目《め》をとじて時間《じかん》をすごしました。

やがてウィシュマさんは、「日曜学校《にちようがっこう》」の先生《せんせい》として、子《こ》どもたちに仏教《ぶっきょう》を教《おし》えはじめます。お寺《てら》の敷地《しきち》のなかには、「ナーの木《き》」とよばれる、大《おお》きなパラソルのように枝《えだ》をのばした木《き》がありました。葉《は》っぱの色《いろ》がふしぎと真《ま》っ赤《か》で、枝《えだ》という枝《えだ》に白《しろ》い小《ちい》さな花《はな》がたくさん咲《さ》きます。その木《き》の下《した》に机《つくえ》をならべ、ナーの木《き》の花《はな》のように真《ま》っ白《しろ》なサリー（南《みなみ》アジアの民族衣装《みんぞくいしょう》）を着《き》たウィシュマさんは、仏教《ぶっきょう》の教《おし》えを子《こ》どもたちに語《かた》ってきかせました。多《おお》い日《ひ》には２０００人《にん》もの子《こ》どもたちがお寺《てら》に集《あつ》まり、授業《じゅぎょう》がおわるとあたりはどっとにぎやかになります。

大好《だいす》きだったお父《とう》さんは、ウィシュマさんが25歳《さい》のとき、病気《びょうき》でなくなります。どちらかというと内気《うちき》なお母《かあ》さんにかわって、ウィシュマさんはお寺《てら》の行事《ぎょうじ》に出席《しゅっせき》したり、地域《ちいき》の集《あつ》まりに顔《かお》を出《だ》したりしながら、家族《かぞく》をささえました。

あるときウィシュマさんは、いろいろな国《くに》の出身《しゅっしん》の子《こ》どもたちがかよう、インターナショナルスクールのスタッフとして働《はたら》きはじめました。そこで、日本《にほん》の子《こ》どもたちとも出会《であ》います。

「そうだ、日本《にほん》といえば……」

ウィシュマさんは、おさないころ、妹《いもうと》たちといっしょに見《み》ていたテレビドラマを思《おも》い出《だ》しました。むかし日本《にほん》で放送《ほうそう》されていた「おしん」や、「寅《とら》さん」が主人公《しゅじんこう》のドラマはその後《ご》、スリランカでも大人気《だいにんき》のシリーズとなっていたのです。

「テレビを見《み》てみぢかに感《かん》じていたあの日本《にほん》という国《くに》で、自分《じぶん》が大好《だいす》きな英語《えいご》を、子《こ》どもたちに教《おし》えられたら――」

ウィシュマさんは、いつしかそう、夢見《ゆめみ》るようになります。

「まずは日本《にほん》への留学《りゅうがく》をめざそう」

ウィシュマさんは仕事《しごと》から帰《かえ》ると、家《いえ》に入《はい》るより先《さき》に、「お母《かあ》さん！　おなかすいた！」と大《おお》きな声《こえ》でよびかけます。キッチンからは、とり肉《にく》をいためるスパイスのいいにおいがただよってきます。お母《かあ》さんは庭《にわ》からつんだばかりの、ひときわぴりっとした味《あじ》のとうがらし、「コッチ」をにんにくといっしょに手《て》ぎわよくくわえ、カレーをしあげていきます。具材《ぐざい》を入《い》れるたび、フライパンのなかからは、ココナッツオイルのはじける音《おと》が、パチパチとここちよいリズムをかなでます。

着《き》がえたウィシュマさんがリビングにかけこむと、大好《だいす》きな「ストリングホッパー」がテーブルにならんでいました。米粉《こめこ》を糸状《いとじょう》にしためんのようなもので、うんとからく味《あじ》つけしたカレーや野菜《やさい》といっしょに指《ゆび》でまぜて口《くち》にはこぶと、ふわふわとした食感《しょっかん》がほどよくとけあいます。夢《む》中《ちゅう》で食《た》べるウィシュマさんのすがたを、お母《かあ》さんは目《め》をほそめながらながめています。家族《かぞく》と食卓《しょくたく》をかこむ時間《じかん》は、ウィシュマさんにとってなによりも大切《たいせつ》なひとときでした。

「日本《にほん》に行《い》きたいっていったら、お母《かあ》さんは心配《しんぱい》するんだろうな……」

お父《とう》さんがなくなったあと、仕事《しごと》をいくつもかけもちしながら働《はたら》くお母《かあ》さんのことを、ウィシュマさんはいつも、気《き》にかけていました。

「でもぜったい、この夢《ゆめ》はかなえたい――」

夕《ゆう》はんのとき、屋根《やね》をはげしく打《う》っていた雨《あめ》はいつのまにかやみ、夜《よる》のしずけさのなか、ころころとおだやかになく虫《むし》の音《ね》がひびいてきます。お母《かあ》さんたちが寝《ね》しずまったころ、ウィシュマさんは部屋《へや》のかたすみでひっそりと、スマートフォンに入《い》れた日本語《にほんご》の音声教材《おんせいきょうざい》を、イヤホンできききつづけました。お金《かね》をためて教科書《きょうかしょ》を買《か》い、日本語《にほんご》の試験《しけん》も受《う》けてみごと合格《ごうかく》します。

「準備《じゅんび》はととのった。いよいよお母《かあ》さんに相談《そうだん》だ……」

留学《りゅうがく》の夢《ゆめ》を打《う》ち明《あ》けられたお母《かあ》さんは、「わたしとはなれて外国《がいこく》でくらすなんて」と心配《しんぱい》し、

反対《はんたい》しました。それでもウィシュマさんは、「どうしても行《い》きたい」と、なんども話《はな》し合《あ》いをかさね、お母《かあ》さんも最後《さいご》には、その熱意《ねつい》に押《お》しきられました。

「日本《にほん》は安全《あんぜん》でいい国《くに》だし、そこまで言《い》うならしっかり勉強《べんきょう》してきなさい」

そういって、背中《せなか》をおしてくれたのです。ウィシュマさんの貯金《ちょきん》だけでは、留学費用《りゅうがくひよう》はとても足《た》りず、お母《かあ》さんは借金《しゃっきん》をして、そのお金《かね》を集《あつ》めることにしました。

ウィシュマさんの夢《ゆめ》を知《し》っていたふたりの妹《いもうと》は、さびしさを感《かん》じながらも、「ついにウィシュマが旅立《たびだ》つんだ！」とよろこびました。それから妹《いもうと》たちは、いっしょにいられる時間《じかん》をおしむように、お気《き》に入《い》りの服《ふく》を着《き》ては3人《にん》ならんで写真《しゃしん》をとったり、ベッドでおそくまでおしゃべりをしたりと、親友《しんゆう》どうしのようにすごしました。

とぎれてしまった家族《かぞく》への連絡《れんらく》

2017年《ねん》6月《がつ》、その日《ひ》、ウィシュマさん一家《いっか》はあわただしい一日《いちにち》をすごしていました。日本《にほん》に旅立《たびだ》つウィシュマさんは、「あれももっていかなきゃ！　あ、これも！」と、なかなか荷《に》物《もつ》がまとまりません。妹《いもうと》たちのワンピースやTシャツも、「これ、お気《き》に入《い》りだから」と、スーツケースに目《め》いっぱいつめこみます。お母《かあ》さんはそんなウィシュマさんのために、台所《だいどころ》でごちそうづくりに大《おお》いそがしです。

ごはんを食《た》べ終《お》えると、からだの大《おお》きな愛犬《あいけん》のシェニーにさよならを言《い》い、親《しん》せきや家族《かぞく》たちみなで車《くるま》に乗《の》って、空港《くうこう》へとむかいました。ウィシュマさんの新《あたら》しい生活《せいかつ》を応援《おうえん》すると決《き》めたお母《かあ》さんですが、それでも心配《しんぱい》と不安《ふあん》で涙《なみだ》がとまりません。腰《こし》の高《たか》さまである、大《おお》きな紺色《こんいろ》のスーツケースを空港《くうこう》のカウンターにあずけると、ウィシュマさんは妹《いもうと》たちにこう言《い》いました。

「お母《かあ》さんのこと、よろしくね。それから、勉強《べんきょう》はしっかりとね」

みんなにむかって大《おお》きく手《て》をふりながら、ウィシュマさんはゲートのむこうへとすがたを消《け》しました。その手《て》には、ワヨミさんがプレゼントしたアニメがらのカバン、そしてそのなかにはポールニマさんがプレゼントしたさいふが入《はい》っていました。

無事《ぶじ》に日本《にほん》に着《つ》き、千葉県内《ちばけんない》の日本語学校《にほんごがっこう》に入学《にゅうがく》したウィシュマさんは、熱心《ねっしん》に授業《じゅぎょう》を受《う》け、妹《いもうと》たちともひんぱんに連絡《れんらく》を取《と》っていました。

「きょうは小学校《しょうがっこう》で子《こ》どもたちと遊《あそ》んだのよ！」

「ねえきいて！　生《う》まれてはじめて雪《ゆき》を見《み》たの！」

ところが、日々《ひび》の生活《せいかつ》を楽《たの》しげに語《かた》るウィシュマさんからの連絡《れんらく》は、すこしずつへっていきます。あるときポールニマさんがウィシュマさんに連絡《れんらく》をすると、知《し》らない男《おとこ》の人《ひと》が電話《でんわ》に出《で》ました。

「どなたですか？　姉《あね》と話《はな》したいのですが……」

ポールニマさんがそうたずねると、いらいらしたようすで男《おとこ》の人《ひと》はこう応《おう》じました。

「おまえには関係《かんけい》ない。ウィシュマに電話《でんわ》はかわらないからな」

その後《ご》も、おなじ男《おとこ》の人《ひと》からと思《おも》われるメッセージが、ウィシュマさんのスマートフォンから送《おく》られてきました。

「ウィシュマに連絡《れんらく》してきても返事《へんじ》はしない。もうおまえたちとは話《はなし》をさせないぞ」

しばらくして、ようやく電話《でんわ》がつながったウィシュマさんは、落《お》ち着《つ》かないようすで、ポールニマさんにこう伝《つた》えました。

「わたしは元気《げんき》よ。学校《がっこう》もアルバイトもいそがしくて、なかなか連絡《れんらく》できないけれど……なにかあったらこっちから電話《でんわ》をかけるからね！」

ポールニマさんはほっとする一方《いっぽう》、「なにかあったらこっちから連絡《れんらく》する」と念《ねん》を押《お》すようにウィシュマさんが語《かた》っていたことが気《き》になりました。

「わたしたちからは連絡《れんらく》しないでほしい、ということなのかな……。でも、日本《にほん》はとっても安全《あんぜん》な国《くに》だというし、ウィシュマはきっと、だいじょうぶよね」

すこし不安《ふあん》に思《おも》いながらも、家族《かぞく》はそう考《かんが》えていました。

じつはウィシュマさんには、家族《かぞく》に話《はな》せていないことがありました。このときすでに、日本語学校《にほんごがっこう》にかよえず、退学《たいがく》となっていたのです。なぜウィシュマさんが学校《がっこう》にかよえなくなったのか、くわしくはわかっていません。ただ、のちにウィシュマさんは、いっしょに住《す》んでいた、おなじスリランカ出身《しゅっしん》の男性《だんせい》から、DV《ディーブイ》（ドメスティック・バイオレンス）を受《う》けていたと話《はな》しています。

DV《ディーブイ》とは、結婚相手《けっこんあいて》や恋人《こいびと》など、とても近《ちか》い関係《かんけい》にある人《ひと》から受《う》ける暴力《ぼうりょく》のことです。それは、なぐったりけったりすることだけにかぎりません。たとえば、友《とも》だちや

家族《かぞく》と連絡《れんらく》を取《と》らせないようにしたり、「出《で》かけるな」、「家《いえ》にいろ」と、行動《こうどう》をしばりつけたりすることも、DV《ディーブイ》に含《ふく》まれます。

2020年《ねん》8月《がつ》、わずかな所持金《しょじきん》だけを手《て》に、ウィシュマさんは静岡県内《しずおかけんない》の交番《こうばん》にかけこみました。

「いっしょにくらしていた恋人《こいびと》から、追《お》い出《だ》されました……」と、ウィシュマさんは事情《じじょう》を話《はな》します。警察官《けいさつかん》はウィシュマさんの持《も》ちものなどを調《しら》べ、あることに気《き》がつきました。

「きみ、在留資格《ざいりゅうしかく》がないよね？」

日本語学校《にほんごがっこう》の学生《がくせい》ではなくなったことによって、ウィシュマさんは在留資格《ざいりゅうしかく》をうしなってしまっていたのです。Q6 Q7《66、67ページ》 それが理由《りゆう》でウィシュマさんは、名古屋《なごや》にある出入国在留管理局《しゅつにゅうこくざいりゅうかんりきょく》に収容《しゅうよう》されることになりました。

もっと知《し》りたい！Q&A

Q6 学校《がっこう》にかよわなくなると、在留資格《ざいりゅうしかく》がなくなってしまうの？

A6 「留学《りゅうがく》」というビザで日本《にほん》にきた場合《ばあい》には在留資格《ざいりゅうしかく》をうしなってしまうんだ

第一章《だいいっしょう》でも説明《せつめい》したように、「在留資格《ざいりゅうしかく》」は、日本《にほん》の国籍以外《こくせきいがい》の人《ひと》たちが、日本《にほん》でくらすために必要《ひつよう》とされている許可《きょか》のことです。「ビザ」とよばれることもあります。ビザにはさまざまな種類《しゅるい》があります。数日《すうじつ》から数《すう》か月《げつ》という短《みじか》いあいだ、「観光《かんこう》ビザ」で来日《らいにち》して、休日《きゅうじつ》をすごす人《ひと》たちもたくさんいます。

ウィシュマさんは日本語学校《にほんごがっこう》に勉強《べんきょう》しにきていたので、「留学《りゅうがく》」というビザで日本《にほん》に滞在《たいざい》していました。働《はたら》ける時間《じかん》に制限《せいげん》はありますが、アルバイトをすることもできます。

ところがウィシュマさんはその学校《がっこう》にかよえなくなり、「出席《しゅっせき》していない」ことを理由《りゆう》に学校《がっこう》をやめさせられることになりました。こうした場合《ばあい》、「留学《りゅうがく》」というビザで日本《にほん》にくらしつづけることはできません。

Q7 学校《がっこう》にかよえなくても、仕事《しごと》はできるのでは？

A7 制限《せいげん》がいろいろあって、とてもむずかしいことなんだ

仕事《しごと》をするためのビザをまとめて「就労《しゅうろう》ビザ」とよぶことがあります。けれどもそれは、だれでも、どんな仕事《しごと》でも、自由《じゆう》にしていいという許可《きょか》ではありません。大学《だいがく》などを卒業《そつぎょう》していることや、専門的《せんもんてき》な知識《ちしき》があること、仕事《しごと》の経験《けいけん》があることなど、一定《いってい》の条件《じょうけん》を満《み》たした人《ひと》たちが、かぎられた職業《しょくぎょう》につくことができます。

その「職業《しょくぎょう》」も、こまかくわけられて

います。たとえば、外国語《がいこくご》の「通訳《つうやく》」をしていた人《ひと》が、まったくべつの仕事《しごと》である「車修理《くるましゅうり》」の仕事《しごと》をしようとしても、経験《けいけん》や専門知識《せんもんちしき》があまりないと、入管《にゅうかん》からの許可《きょか》が出《で》ない場合《ばあい》もあります。

「専門知識《せんもんちしき》をあまり必要《ひつよう》としない」と入管《にゅうかん》がみなしている仕事《しごと》に、外国人《がいこくじん》が、正式《せいしき》な労働者《ろうどうしゃ》としてつくことは、ごく一部《いちぶ》の資格《しかく》をのぞいてできません。たとえば「留学《りゅうがく》」などできている人《ひと》たちが、学校《がっこう》に行《い》きながら、トイレそうじ、コンビニ店員《てんいん》、レストランで注文《ちゅうもん》をとったりお客《きゃく》さんと接《せっ》したりする仕事《しごと》を「アルバイト」としておこなうことはできますが、その会社《かいしゃ》に就職《しゅうしょく》して「正社員《せいしゃいん》」として、ほかの日本人《にほんじん》の社員《しゃいん》に定《さだ》められた時間《じかん》とおなじだけ働《はたら》くことは、基本的《きほんてき》にはできません。

こうした状況《じょうきょう》を考《かんが》えると、日本語学校《にほんごがっこう》にかよえなくなったウィシュマさんが、自分《じぶん》をやとってくれる先《さき》をさがし、「就労《しゅうろう》ビザ」をえることは、とてもむずかしかったでしょう。

スリランカに帰《かえ》れず、つづいた収容《しゅうよう》

2019年末《ねんまつ》から世界中《せかいじゅう》にひろがっていった新型《しんがた》コロナウイルスの影響《えいきょう》で、「部屋《へや》が密《みつ》にならないように」という対策《たいさく》がとられ、入管施設《にゅうかんしせつ》に収容《しゅうよう》されている人《ひと》たちは、それほど多《おお》くありませんでした。それでも、ウィシュマさんが収容《しゅうよう》された名古屋入管《なごやにゅうかん》 Q8 《78ページ》の施設《しせつ》には、ほかにもいろいろな国《くに》や地域出身《ちいきしゅっしん》の人《ひと》びとがいました。

ひとつの部屋《へや》にいくつかのベッドと、小《ちい》さなつくえがならべられた部屋《へや》で、ウィシュマさんは、ほかの収容者《しゅうようしゃ》といっしょにすごしていました。

自由時間《じゆうじかん》になると、となりの部屋《へや》の人《ひと》たちと交流《こうりゅう》して、それぞれのことばをノートで教《おし》えあったりしました。

「自由時間《じゆうじかん》」といっても、収容施設《しゅうようしせつ》にとじこめられた人《ひと》たちの「自由《じゆう》」はかぎられています。外《そと》の人《ひと》たちとの面会《めんかい》はゆるされていますが、平日《へいじつ》のみで、名古屋入管《なごやにゅうかん》は午後《ごご》3時《じ》に受付《うけつけ》がしめきられてしまいます。会社《かいしゃ》につとめていたり、平日《へいじつ》にいそがしくすごしたりしている人《ひと》たちが、その時間内《じかんない》に面会《めんかい》に行《い》くのはとてもたいへんなことです。面会時間《めんかいじかん》はたった30分《ぷん》です。数人《すうにん》ですわるのがやっとという小《ちい》さな部屋《へや》のなかで、おたがいがアクリル板《ばん》にへだてられた状態《じょうたい》で会《あ》うことになります。施設《しせつ》には公衆電話《こうしゅうでんわ》がありますが、外《そと》から中《なか》にいる人《ひと》にかけることはできません。インターネットの使用《しよう》も、まったくみとめられていません。ウィシュマさんには当時《とうじ》、日本《にほん》にたよれる知《し》り合《あ》いはだれもいませんでした。自分《じぶん》に会《あ》いにきてくれる人《ひと》もいません。

「このまま、スリランカにもどろう……」

そう思《おも》っていたあるとき、ウィシュマさんのもとに手紙《てがみ》がとどきます。

「わたしに手紙《てがみ》？　だれからだろう……」

なんとそれは、かつて恋人《こいびと》としていっしょにくらしていた男性《だんせい》からのものでした。おそるおそる封筒《ふうとう》を開《あ》けると、そこには「わるい女《おんな》」などと、ウィシュマさんに対《たい》する乱暴《らんぼう》なことばがならび、こんなことまでかかれていました。

《スリランカに帰《かえ》ったら、あなたをさがしだして罰《ばつ》をあたえる》

つまりその男性《だんせい》は、ウィシュマさんが帰国《きこく》したら、スリランカにいるだれかにたのんで、ウィシュマさんの身《み》になにか『危険《きけん》なこと』をする、とおどしてきたのです。その「罰《ばつ》をあたえる」とはいったいどういうことなのか、ウィシュマさんにもわかりませんでした。

DV《ディーブイ》は、それを受《う》けた人《ひと》の心《こころ》にもからだにも深《ふか》い傷《きず》を残《のこ》します。はげしく暴力《ぼうりょく》をふるわれても、おそろしさのあまり声《こえ》をあげられないこともあります。あるいは「暴力《ぼうりょく》をふるわれるのは自分《じぶん》がわるいからだ」と思《おも》いこまされて、家族《かぞく》にも、みぢかな人《ひと》にも相談《そうだん》できないこともめずらしくありません。ようやくその暴力《ぼうりょく》をふるう相手《あいて》からはなれても、「もしかしたらまた見《み》つかって、殺《ころ》されてしまうかもしれない」という恐怖《きょうふ》をふりはらうのは、かんたんなことではないのです。

じつはスリランカでは、結婚前《けっこんまえ》にカップルがいっしょにくらすことはほとんどありません。恋人《こいびと》どうしで付《つ》きあうことも、家族《かぞく》がゆるさないことがあります。

「こんなこと、だれにもいえない……」と、ウィシュマさんは追《お》いつめられていきました。

ようやく見《み》つけた、外《そと》に出《で》る希望《きぼう》

やがて季節《きせつ》は冬《ふゆ》をむかえました。

収容部屋《しゅうようべや》は冷蔵庫《れいぞうこ》のように冷《ひ》えこむこともあり、そんな日《ひ》は、金属製《きんぞくせい》のベッドやいすのあしをさわると氷《こおり》のようです。収容《しゅうよう》されている人《ひと》たちが、「暖房《だんぼう》の温度《おんど》をあげてほしい」と職員《しょくいん》にたのんでも、「わたしよりもっとえらい人《ひと》がきめた温度《おんど》だから変《か》えられない」と言《い》われるばかりでした。冷《さ》めきった食事《しょくじ》がつづき、ウィシュマさんの体重《たいじゅう》は、収容《しゅうよう》から4か月《げつ》ちかくで、12キロ以上《いじょう》も減《へ》っていきました。

そんなあるとき、こうした施設《しせつ》に収容《しゅうよう》されてしまった外国人《がいこくじん》の支援《しえん》をつづける人《ひと》たちが、ウィシュマさんのことをききつけ、面会《めんかい》にきてくれたことがありました。

「コロナ感染《かんせん》をふせぐ」という理由《りゆう》で、面会室《めんかいしつ》のアクリル板《ばん》は、わずかなすきまもびっしりとテープでふさがれ、相手《あいて》の声《こえ》がよくきこえません。それでもウィシュマさんは、「体調《たいちょう》はだいじょうぶ？」と、自分《じぶん》のからだを気《き》づかってくれる人《ひと》たちに出会《であ》えたことで、ひさしぶりに安心《あんしん》し、楽《たの》しく話《はなし》をしました。

「救急車《きゅうきゅうしゃ》がとおるとき、『ご注意《ちゅうい》ください』って、車《くるま》からよびかけていますよね？　わたし、それがずっと『50円《えん》ください』にきこえて、ふしぎだったんですよ」

そんな冗談《じょうだん》をいって、面会《めんかい》に来《き》てくれた人《ひと》たちと声《こえ》をあげて笑《わら》いました。そしてウィシュマさんは、思《おも》いきって伝《つた》えてみました。

「わたし、恋人《こいびと》から暴力《ぼうりょく》をふるわれていたんです。ここにもおどすような手紙《てがみ》がとどいて、こまっているんです……」

スリランカに帰《かえ》ることができない事情《じじょう》を知《し》った支援者《しえんしゃ》の女性《じょせい》は、「ぜひ、わたしの家《いえ》にきてください」と、すぐさまウィシュマさんに提案《ていあん》しました。それは、困《こま》りはてていたウィシュマさんにとって、ようやく見《み》つけることができた希望《きぼう》でした。

「日本《にほん》にまだ、わたしのことを気《き》にかけてくれる人《ひと》がいるなんて……」

ところが、入管《にゅうかん》の施設《しせつ》の外《そと》に出《で》ることは、けっしてかんたんなことではありません。ウィシュマさんは、仮放免《かりほうめん》の申請準備《しんせいじゅんび》をはじめました。

第《だい》1章《しょう》のリアナさん一家《いっか》がそうだったように、仮放免《かりほうめん》とは、在留資格《ざいりゅうしかく》のない人《ひと》たちが入管《にゅうかん》の施設内《しせつない》ではなく、その外《そと》で生活《せいかつ》することができる制度《せいど》です。けれども完全《かんぜん》に「自由《じゆう》」になるわけではありません。仮放免《かりほうめん》の状態《じょうたい》では、働《はたら》くことも、健康保険《けんこうほけん》に入《はい》ることもゆるされず、だれかの支援《しえん》を受《う》けなければ、生《い》きていくことができないのです。ただすくなくとも、収容施設《しゅうようしせつ》での苦《くる》しい日々《ひび》からは解放《かいほう》されます。

自由《じゆう》をうばわれたままの生活《せいかつ》は、心身《しんしん》に大《おお》きな負担《ふたん》がかかります。たとえば「あと3週間《しゅうかん》がんばれば施設《しせつ》の外《そと》に出《で》られる」と、目標《もくひょう》が見《み》えていれば、人《ひと》はそれにむかって気《き》もちをたもつことができるかもしれません。けれども「いつ出《で》られるかわからないし、それがどうしてなのかも説明《せつめい》されない」という状況《じょうきょう》は、収容《しゅうよう》がつづく人《ひと》をじわじわと追《お》いつめてきました。寒《さむ》さと冷《ひ》えた食事《しょくじ》も、健康《けんこう》をむしばみます。

ウィシュマさんは、一生《いっしょう》けんめい、仮放免《かりほうめん》を申請《しんせい》する書類《しょるい》をかきました。

《わたしは、恋人《こいびと》から長《なが》いあいだ、なぐられていました。貯金《ちょきん》していたお金《かね》も、ぜんぶ、かれにあげました》

スリランカに帰国《きこく》することができない理由《りゆう》を、必死《ひっし》にうったえました。そして、「わたしの家《いえ》に来《き》てください」と声《こえ》をかけてくれた支援者《しえんしゃ》にあてた手紙《てがみ》には、「外《そと》に出《で》たらしたいこと」を、何個《なんこ》も、何十個《なんじゅっこ》も、たくさんかいては、期待《きたい》をふくらませました。
《あなたといっしょに野菜《やさい》を育《そだ》てて、スリランカ料理《りょうり》をたくさんつくってあげたい！》
《あなたにギターを教《おし》えてほしい！》

点滴《てんてき》もされず、入院《にゅういん》もできず……

ところがそんな夢《ゆめ》の数々《かずかず》は、なかなか現実《げんじつ》のものになりません。入管職員《にゅうかんしょくいん》たちは、ウィシュマさんが「日本《にほん》に残《のこ》りたい」と思《おも》っていることを知《し》ると、「スリランカに帰《かえ》りなさい」とくりかえし、強《つよ》く伝《つた》えてくるのでした。なんとかかきあげた仮放免《かりほうめん》の申請《しんせい》も、いっこうに許可《きょか》されません。

そのあいだにも、ウィシュマさんの体調《たいちょう》はどんどんわるくなっていきました。やがて熱《ねつ》を出《だ》したり、はいたりするようになったため、ひとり部屋《べや》に移《うつ》されることになりました。食事《しょくじ》もあまりのどをとおらなくなり、それまで以上《いじょう》にどんどん、やせていきました。

ウィシュマさんは弱《よわ》りながらも、ノートや支援者《しえんしゃ》にあてた手紙《てがみ》に、自分《じぶん》の状況《じょうきょう》をかきつづけていましたが、だんだんと手《て》がふるえ、ペンをしっかりにぎることもできなくなっていきます。
とうとう2021年《ねん》2月《がつ》15日《にち》、入管《にゅうかん》のなかでおこなわれた検査《けんさ》で、ウィシュマさんのからだは「うえている」危険《きけん》な状況《じょうきょう》にあることをしめす結果《けっか》が出《で》ました。それでも、外《そと》の病院《びょういん》に入院《にゅういん》することも、必要《ひつよう》な点滴《てんてき》を受《う》けることもゆるされませんでした。Q9《80ページ》

2月《がつ》23日《にち》の夜《よる》、ベッドにからだを横《よこ》たえたまま、ウィシュマさんはなんどかはいてしまい、インターフォンで職員《しょくいん》をよびました。

「わたし、死《し》んじゃう……」

そううったえるウィシュマさんに、職員《しょくいん》は「だいじょうぶ、死《し》なないよ、あなた死《し》んだらこまるもん」としか答《こた》えません。

「病院《びょういん》に連《つ》れていって、おねがい、おねがいします」、「息《いき》ができない、長《なが》い時間《じかん》食《た》べていないし、寝《ね》てない」と伝《つた》えても、職員《しょくいん》はまともにとりあってくれません。

「アネー」、「アネー」とウィシュマさんはつづけます。「アネー」はシンハラ語《ご》で、一生《いっしょう》けんめいなにかをたのむときの〝おねがい〟という意味《いみ》でつかいます。「点滴《てんてき》してほしい」と日本語《にほんご》で、身《み》ぶり手《て》ぶりをまじえて伝《つた》えても、職員《しょくいん》はききいれてくれませんでした。

「あ！」

3日後《みっかご》の2月《がつ》26日《にち》、早朝《そうちょう》5時《じ》すぎのことでした。

ウィシュマさんはバランスをくずし、ベッドから落《お》ちてしまいました。すぐわきの床《ゆか》には、タオルほどのサイズの、白《しろ》いマットのようなものがしかれてはいましたが、そこからはみ出《だ》し、からだが直接床《ちょくせつゆか》に横《よこ》たわってしまいました。どんなに寒《さむ》くても、ウィシュマさんにはもう、自分《じぶん》でからだを起《お》こして、ベッドにあがる力《ちから》はありません。

「担当《たんとう》さーん」、「担当《たんとう》さーん」、「担当《たんとう》さーん」と、ウィシュマさんは声《こえ》をふりしぼるように、インターフォンで職員《しょくいん》をよびつづけました。

しばらくたち、ふたりの職員《しょくいん》が部屋《へや》に入《はい》ってきました。ところがふたりとも、人《ひと》のかかえかたがよくわからないようすです。うしろから腰《こし》を動《うご》かそうとしたり、足《あし》をつかんだりして、まごついています。「わたしたちもがんばるけど自分《じぶん》もがんばるよ」と職員《しょくいん》はよびかけますが、ウィシュマさんはぐったりしたままです。

やがてベッドにもちあげることをあきらめると、職員《しょくいん》たちはウィシュマさんを床《ゆか》の上《うえ》の毛布《もうふ》に寝《ね》かせようとしますが、うまく全身《ぜんしん》を乗《の》せることができません。

ときおり痛《いた》みで「あー」とさけぶウィシュマさんに、「大《おお》きな声出《こえだ》さないで」と、職員《しょくいん》はしかるように小声《こごえ》でよびかけます。けっきょく、毛布《もうふ》に乗《の》せられなかったウィシュマさんの足《あし》などが、床《ゆか》についたままの状態《じょうたい》で、職員《しょくいん》は立《た》ち去《さ》ってしまったのです。動《うご》けなくなった人《ひと》を介護《かいご》できる知識《ちしき》や経験《けいけん》のある人《ひと》は、入管職員《にゅうかんしょくいん》にはいないようでした。

この時点《じてん》でウィシュマさんの体重《たいじゅう》は、収容《しゅうよう》された半年前《はんとしまえ》から、20キロも減《へ》っていました。

そして、2021年《ねん》3月6日《がつむいか》、14時《じ》すぎ――。職員《しょくいん》が部屋《へや》に入《はい》ってきて、いつものように「サンダマリ」とよびかけます。けれどもウィシュマさんはもう、ピクリとも動《うご》きません。さらに何人《なんにん》かの職員《しょくいん》たちが部屋《へや》に入《はい》ってきて、みなでウィシュマさんの名前《なまえ》をよんだり、うでを引《ひ》っぱったりしますが、なぜか救急車《きゅうきゅうしゃ》をよびません。からだの一部《いちぶ》を引《ひ》っぱりながら、ひとりの職員《しょくいん》がこういいます。

「いつもだったら……これで痛《いた》いっていうんですけど……」

その後《ご》、ようやく救急車《きゅうきゅうしゃ》がよばれ、ウィシュマさんは運《はこ》ばれた先《さき》の病院《びょういん》で、なくなったことが確認《かくにん》されました。33歳《さい》でした。

もっと知《し》りたい！ Q&A

Q8 ウィシュマさんはどうして収容《しゅうよう》されつづけたの？

A8 つらい思《おも》いをさせてウィシュマさんに「帰《かえ》る」といわせるためだった

入管《にゅうかん》はウィシュマさんの収容《しゅうよう》をつづけた理由《りゆう》について、「在留資格《ざいりゅうしかく》をうしない、スリランカに帰《かえ》らなければならないという自分《じぶん》の立場《たちば》を理解《りかい》させて、帰国《きこく》するように説得《せっとく》するため」だったと説明《せつめい》しています。つまり、苦《くる》しい収容《しゅうよう》をつづけ、スリランカに「帰《かえ》る」といわせるためだったということです。

けれども第《だい》１章《しょう》にもかいているように、収容《しゅうよう》の目的《もくてき》は、「帰国《きこく》させられるまでの準備《じゅんび》」だったはずです。施設《しせつ》のなかで苦痛《くつう》をあたえて、「こんなにつらいならもう帰《かえ》るしかない」と思《おも》わせることではありません。

じつは「国《くに》に帰《かえ》ってください」という命令《めいれい》を受《う》けた人《ひと》たちのほとんどが、国籍国《こくせきこく》に帰《かえ》っています。では、一部《いちぶ》の帰国《きこく》しない人《ひと》たちはどんな人《ひと》たちなのでしょうか。
「ずっと日本《にほん》で生活《せいかつ》していて、国籍《こくせき》のある国《くに》に帰《かえ》っても、知《し》り合《あ》いも家族《かぞく》もだれもいない」、「子《こ》どもはずっと日本《にほん》で育《そだ》っていて、日本語《にほんご》しか話《はな》せない」、「帰国《きこく》しても、国《くに》の状態《じょうたい》が不安定《ふあんてい》で、命《いのち》の危険《きけん》があるかもしれない」——そんな帰《かえ》れない事情《じじょう》をかかえている人《ひと》たちがいます。第《だい》1章《しょう》のリアナさん一家《いっか》も長《なが》らく日本《にほん》でくらし、リアナさんじしんは日本《にほん》で生《う》まれています。ウィシュマさんは元恋人《もとこいびと》から、「帰国《きこく》したら罰《ばつ》をあたえる」というおどしの手紙《てがみ》がとどいていました。

つまり、帰国《きこく》「しない」のではなく、帰国《きこく》「できない」のです。どんなに収容《しゅうよう》でその人《ひと》たちを苦《くる》しめても、「帰《かえ》れない事情《じじょう》」は変《か》わりません。その人《ひと》たちがどんな生活《せいかつ》を送《おく》ってきたのかをていねいに見《み》たうえで、出《だ》すべき人《ひと》に「在留資格《ざいりゅうしかく》（ビザ）」を出《だ》していくことが、本来《ほんらい》必要《ひつよう》なことではないでしょうか。

帰国《きこく》「できない」のがなんでわからないんだ……

Q9 具合《ぐあい》がわるいのに、どうしてすぐに病院《びょういん》に行《い》かせてくれないの？

A9 「診察《しんさつ》を受《う》けたい」といっても、何週間《なんしゅうかん》もまたされることもあるんだ

ウィシュマさんが弱《よわ》っていって「病院《びょういん》に行《い》きたい」とうったえても、「外《そと》に出《で》たいから、病気《びょうき》だとうそをついているのでは」とうたがっていた入管職員《にゅうかんしょくいん》がいたことがわかっています。

たとえば、みなさんが熱《ねつ》があったり、だるかったり、せきがとまらず、「なんだか体調《たいちょう》がわるいな」、「病院《びょういん》に行《い》きたいな」と感《かん》じていたとします。ところが、どんどん症状《しょうじょう》がわるくなっているのに、まわりのおとなが、「それくらいがまんできるでしょう」、「うそをいっているんじゃない？」と、病院《びょういん》に行《い》かせてくれないどころか、部屋《へや》から自由《じゆう》に出《だ》してもくれない――そんな状況《じょうきょう》を、想像《そうぞう》できるでしょうか。

収容《しゅうよう》されている人《ひと》が、医者《いしゃ》の診察《しんさつ》を受《う》けたいときは、そのために必要《ひつよう》な書類《しょるい》に記入《きにゅう》して入管《にゅうかん》に提出《ていしゅつ》します。2018年《ねん》、茨城県牛久市《いばらきけんうしくし》にある入管収容施設《にゅうかんしゅうようしせつ》「東日本入国管理《ひがしにほんにゅうこくかんり》センター」と意見交換《いけんこうかん》した支援団体《しえんだんたい》（認定NPO法人難民支援協会《にんていエヌピーオーほうじんなんみんしえんきょうかい》）が公表《こうひょう》した内容《ないよう》によると、おおまかな数字《すうじ》として、書類《しょるい》を提出《ていしゅつ》してからじっさいに診察《しんさつ》が受《う》けられるまで、平均《へいきん》

14・4日《にち》、2週間以上《しゅうかんいじょう》かかるというのです。

入管収容施設《にゅうかんしゅうようしせつ》にも診療室《しんりょうしつ》はありますが、医師《いし》のいる時間《じかん》がごくかぎられている場合《ばあい》もあります。また、大阪《おおさか》の入管《にゅうかん》では、勤務《きんむ》していた医師《いし》が酒《さけ》によった状態《じょうたい》で診察《しんさつ》にあたっていたことがあり、収容《しゅうよう》された人《ひと》のなかには、その医師《いし》にひどいことばをかけられたと語《かた》る人《ひと》もいます。

Q10 日本《にほん》が好《す》きな人《ひと》だったのに……

A10 もし日本《にほん》が好《す》きじゃなくても、人権《じんけん》は守《まも》られる必要《ひつよう》があるよね

たしかにウィシュマさんは、日本《にほん》が大好《だいす》きで来日《らいにち》しました。でも、「日本《にほん》が好《す》きな人《ひと》だから助《たす》けてあげる」のでしょうか？ どんな人《ひと》にも自分《じぶん》のからだや心《こころ》が守《まも》られる権利《けんり》があり、そうした権利《けんり》のことを「人権《じんけん》」といいます。「日本《にほん》が好《す》きな人《ひと》」であっても、そういう気《き》もちをもてない人《ひと》であっても、社会《しゃかい》のなかでおなじように人権《じんけん》が守《まも》られることが大切《たいせつ》なのではないでしょうか。

とつぜんの知《し》らせに

2021年《ねん》3月《がつ》、ウィシュマさんの妹《いもうと》たち、お母《かあ》さんがくらしている家《いえ》に、とつぜん、警察官《けいさつかん》がやってきました。

「どうして警察《けいさつ》が？」と、家族《かぞく》はみんな、びっくりしました。

その警察官《けいさつかん》は、東京《とうきょう》にあるスリランカ大使館《たいしかん》から連絡《れんらく》を受《う》けてたずねてきたのだと言《い》い、お母《かあ》さんにこうつげました。

「じつは……あなたの娘《むすめ》さんが、なくなりました」

思《おも》いもしない警察官《けいさつかん》のことばに、お母《かあ》さんはびっくりしてふるえだし、妹《いもうと》たちもなにが起《お》こったのか、わけがわかりませんでした。

ポールニマさんは、必死《ひっし》で自分《じぶん》を落《お》ち着《つ》かせようとします。

「信《しん》じられないし、信《しん》じたくない！　でも、警察《けいさつ》がそんなうそをいうはずがないし……」

お母《かあ》さんは、手《て》がふるえたまま、東京《とうきょう》の大使館《たいしかん》に電話《でんわ》をかけました。

「いま警察《けいさつ》からききました……ほんとうなのでしょうか？」

ざんねんながら、警察官《けいさつかん》が伝《つた》えたことは、うそではありませんでした。お母《かあ》さんは電話《でんわ》をにぎりしめたまま、ただぼうぜんと立《た》ちつくしてしまいました。なにかを察《さっ》したのか、ウィシュマさんが大好《だいす》きだった犬《いぬ》のシェニーも、部屋《へや》の中《なか》や外《そと》をうろうろと動《うご》きまわったり、ほえたりをくりかえしています。

その日《ひ》から、お母《かあ》さんはすっかり体調《たいちょう》をくずし、寝《ね》こんでしまうこともありました。三姉妹《さんしまい》の部屋《へや》に入《はい》ってはなにかを思《おも》い出《だ》したように泣《な》き、ウィシュマさんがきていた服《ふく》をにぎりしめては、ぽろぽろと涙《なみだ》を流《なが》すのです。そして、ふたりの妹《いもうと》たちに言《い》いました。

「こんな状態《じょうたい》でわたしが日本《にほん》に行《い》くのはむずかしいから――わたしの目《め》で見《み》るように、ウィシュマを見《み》て、最後《さいご》のおわかれをしてきてちょうだい」

お母《かあ》さんはウィシュマさんの妹《いもうと》たちに、自分《じぶん》の思《おも》いをたくします。

「ウィシュマのいる日本《にほん》には、いつかたずねてみたいと思《おも》っていたけれど、まさかこんなことで行《い》くことになるなんて……」

くやしい思《おも》いを心《こころ》にしまいこんで、ワヨミさんもポールニマさんも荷物《にもつ》をまとめはじめました。

悲《かな》しい再会《さいかい》

夜《よ》どおし飛行機《ひこうき》に乗《の》り、朝《あさ》はやく千葉県《ちばけん》・成田国際空港《なりたこくさいくうこう》に到着《とうちゃく》した妹《いもうと》たちは、なれない長旅《ながたび》でくたくたでした。スーツケースを受《う》け取《と》り、ゲートの外《そと》に出《で》ると、とたんにたくさんのカメラと記者《きしゃ》たちにかこまれました。ウィシュマさんがなくなったことは、すでに日本《にほん》のメディアでも大《おお》きく報《ほう》じられていたのです。

「どうしたらいいんだろう……」

外国《がいこく》にくることも、こうして記者《きしゃ》たちにかこまれるのも、はじめてのことです。

「妹《いもうと》さんたちはいま、どんな気《き》もちですか?」

「おねえさんはどんな人《ひと》だったんですか?」

とまどいながらもそんな質問《しつもん》に答《こた》え、ふたりは名古屋《なごや》にむかいました。けれどもすぐには、ウィシュマさんに会《あ》えません。このときはまだ、新型《しんがた》コロナウイルスの影響《えいきょう》で、海外《かいがい》からやってきた人《ひと》たちは、しばらく自由《じゆう》に出歩《である》くことができませんでした。2週間《しゅうかん》の待機期間《たいききかん》をおえ、ようやくウィシュマさんの葬儀《そうぎ》の日《ひ》をむかえました。

葬儀場《そうぎじょう》の2階《かい》には、真《ま》っ白《しろ》な棺《ひつぎ》が横《よこ》たえてあります。ワヨミさん、ポールニマさんは、ゆっくりとその棺《ひつぎ》に歩《あゆ》みより、ウィシュマさんの顔《かお》をのぞきこんだ瞬間《しゅんかん》、思《おも》わず頭《あたま》をかかえてこうさけびました。

「こんなにやせて……なんてことでしょう！」

「手《て》だってまるで……おばあさんのよう！」

あとはもう涙《なみだ》がとまらず、ふたりの妹《いもうと》たちはだき合《あ》い、声《こえ》をあげて泣《な》きました。ふたりの記《き》憶《おく》にあるウィシュマさんは、大好《だいす》きな服《ふく》を着《き》てはしゃいだり、おいしいものを食《た》べてよろこんだりするすがたばかりです。ウィシュマさんが帰《かえ》ってくるだけで、家《いえ》のなかがパッと明《あか》るくなりました。けれども目《め》の前《まえ》に横《よこ》たわる姉《あね》は、やつれきって、まるで別人《べつじん》のようでした。

この日《ひ》は支援者《しえんしゃ》たちだけではなく、入管《にゅうかん》に収容《しゅうよう》された経験《けいけん》のある外国人《がいこくじん》 Q11 Q12 《91、92ページ》たちも会場《かいじょう》にかけつけ、「たいへんだったね」と涙《なみだ》を流《なが》しながら妹《いもうと》たちをだきしめました。仮《かり》放免《ほうめん》の人《ひと》たちは、許可《きょか》がなければ、自分《じぶん》の住《す》んでいる都道府県《とどうふけん》から外《そと》に出《で》ることができません。会場《かいじょう》までこられない人《ひと》は、「ほんとうは行《い》きたかったけれど、せめてこれだけは」と、ウィシュマさんや家族《かぞく》のために花《はな》をおくりました。けれども入管職員《にゅうかんしょくいん》や、責任《せきにん》があるはずの政《せい》府関係者《ふかんけいしゃ》のすがたは、そこにはありませんでした。

ウィシュマさんが生《い》きていたときにつかっていたものが、妹《いもうと》たちにわたされました。けれどもおぼえているものといえば、旅立《たびだ》ちの日《ひ》のスーツケースと、そこにつめこんだTシャツ、そしてお父《とう》さんがおくった金色《きんいろ》のピアスだけです。ポールニマさんがプレゼントしたさいふも、ワヨミさんがおくったアニメがらのカバンも見《み》あたりません。

「どうしてウィシュマはなくなったの……？　どうしてこんなすがたになってしまったの？」

妹《いもうと》たちはずっと混乱《こんらん》しつづけていました。

真相《しんそう》を知《し》りたい家族《かぞく》の前《まえ》に立《た》ちはだかるもの

じつはウィシュマさんが最後《さいご》にすごしていた部屋《へや》には監視《かんし》カメラがあり、その映像《えいぞう》が約《やく》2週間分《しゅうかんぶん》（295時間《じかん》）残《のこ》されていることがわかっています。

妹《いもうと》たちは、支援《しえん》してくれている弁護士《べんごし》たちといっしょに、そのビデオを見《み》せてほしいとなんども入管《にゅうかん》、そして政府《せいふ》と話《はな》し合《あ》いをしました。

「どうして姉《あね》がなくなったのか、知《し》りたいんです。ビデオがその手《て》がかりなんです」

入管の収容施設《にゅうかんしゅうようしせつ》は、国《くに》が責任《せきにん》をもつ施設《しせつ》です。ところが政府《せいふ》は、入管《にゅうかん》に収容《しゅうよう》をつづけたこと

Q13《93ページ》が原因《げんいん》で、ウィシュマさんがなくなったとはみとめていません。そしてウィシュマさんの家族《かぞく》にさえ、そのビデオを見《み》せようとしませんでした。

「施設《しせつ》のなかのようすが外《そと》に知《し》られたら、なにか危険《きけん》なことがあるかもしれません」

入管《にゅうかん》はそんな説明《せつめい》をくりかえしますが、妹《いもうと》たちがたしかめたいのは、施設《しせつ》のくわしい間取《まど》りや、かぎのありか、職員《しょくいん》がどこでどんな仕事《しごと》をしているかではありません。ただ、「姉《あね》にいったいなにが起《お》きたのか」を知《し》りたいのです。そのビデオを家族《かぞく》に公開《こうかい》することで、どんな「危険《きけん》なこと」が起《お》こるのか、入管《にゅうかん》の説明《せつめい》では、さっぱりわかりませんでした。

ワヨミさんは、泣《な》きながらうったえました。

「どうして、そんな態度《たいど》をとりつづけるのでしょうか？　スリランカが貧《まず》しい国《くに》だから、姉《あね》のことも、わたしたちのことも、そんなふうにあつかうんですか？」

その問《と》いかけに、だれもまともに答《こた》えてはくれませんでした。

ウィシュマさんがなくなってから5か月以上《げついじょう》たったころ、ようやく政府《せいふ》と入管《にゅうかん》は、たった2時間分《じかんぶん》ではあるものの、ウィシュマさんの映像《えいぞう》を妹《いもうと》たちに見《み》せるといいました。けれどもそこに、弁護士《べんごし》や支援者《しえんしゃ》たちの同席《どうせき》はみとめないといいます。ふたりは不安《ふあん》でした。姉《あね》が苦《くる》しむようすを、その責任《せきにん》があるはずの政府《せいふ》の関係者《かんけいしゃ》にかこまれながら、自分《じぶん》たちだけで目《め》にすることになるのです。

「でもまず見《み》てみなければ、待《ま》っているお母《かあ》さんになにも報告《ほうこく》ができない」

ふたりは勇気《ゆうき》を出《だ》して、その映像《えいぞう》を確認《かくにん》するため、政府《せいふ》の施設《しせつ》にむかいました。弁護士《べんごし》たちとわかれ、スクリーンのある部屋《へや》にとおされた妹《いもうと》たちは、ウィシュマさんが、日《ひ》に日《ひ》に弱《よわ》っていくようすをまのあたりにします。ひとり用《よう》のベッドが置《お》かれた小《ちい》さな部屋《へや》の中《なか》で、ウィシュマさんは、「病院《びょういん》に、おねがい」と必死《ひっし》によびかけるのですが、そのうったえもかなわず、どんどん表情《ひょうじょう》がなくなっていきます。

ワヨミさんはたえられなくなり、トイレにかけこんではいてしまいました。

「もうこれ以上《いじょう》、見《み》ることができません。人権《じんけん》なんて、ここにはまったくありません！」

1時間《じかん》とすこしの映像《えいぞう》を見《み》たところで、ふたりは部屋《へや》をあとにしました。足《あし》もとがふらつくワヨミさんを、ポールニマさんがささえます。

この日《ひ》からワヨミさんは、トイレやおふろ場《ば》のようにせまい部屋《へや》のなかに入《はい》ると、ウィシュマさんの映像《えいぞう》が頭《あたま》のなかによみがえってくるようになりました。そのたびに、ウィシュマさんが職員《しょくいん》に助《たす》けをもとめる「担当《たんとう》さーん、担当《たんとう》さーん」という声《こえ》が、なんども、なんどもひびいてくるような気《き》がするのです。

苦《くる》しみながらも、ワヨミさんは思《おも》いました。

「この映像《えいぞう》は、日本《にほん》にくらす多《おお》くの人《ひと》に見《み》てもらいたい。ウィシュマの身《み》になにがあったのかを知《し》ってもらわなければ、あしたまただれかに、おなじことが起《お》きてしまうかもしれない……」

さらなる真実《しんじつ》を知《し》るため、妹《いもうと》たちは日本政府《にほんせいふ》を相手《あいて》に、裁判《さいばん》をはじめることを決《き》めました。ふたりにとってはなにもかもがはじめてのことです。異国《いこく》である日本《にほん》ですごすことも、姉《あね》の死《し》に直面《ちょくめん》することも、真相《しんそう》を知《し》るために入管《にゅうかん》にむきあうことも、そしてその責任《せきにん》をおう政府《せいふ》という大《おお》きな力《ちから》を相手《あいて》に、裁判《さいばん》を起《お》こすことも――。

ワヨミさんはいつも、ウィシュマさんがスリランカの家《いえ》を出《で》る日《ひ》、最後《さいご》にいい残《のこ》していったことばを思《おも》い出《だ》します。

「ねえ、ぜったいにわたしたちの部屋《へや》を、このままにしておいてね」

そのことばどおり、小《ちい》さなころに3人《にん》でかいたらくがきも、クローゼットのなかの真《ま》っ白《しろ》なサリーも、ウィシュマさんがおめかしをしていた鏡《かがみ》も、化粧道具《けしょうどうぐ》も、「あの日《ひ》」のまま、残《のこ》されています。「部屋《へや》をこのままにしておいてね」ということばは、「わたしはいつか、ここに帰《かえ》ってくるから」という気《き》もちのあらわれだったはずです。

裁判《さいばん》がはじまった日《ひ》、そのようすをききにくるたくさんの人《ひと》たちで、席《せき》がうまりました。3人《にん》の裁判官《さいばんかん》が耳《みみ》をかたむけるなか、ワヨミさんははっきりとした口調《くちょう》で、こう語《かた》りました。
「姉《あね》の死《し》の真相解明《しんそうかいめい》を1日《にち》おくらせることは、わたしたち遺族《いぞく》を、1日《にち》よけいに苦《くる》しめることです」
その裁判《さいばん》はいまも、つづいています。

もっと知《し》りたい！ Q&A

Q11 入管《にゅうかん》ではどれくらいの人《ひと》がなくなっているの？

A11 この16年《ねん》で18人《にん》がなくなっているよ

統計《とうけい》をとりはじめた2007年《ねん》から2023年《ねん》までだけでも、入管《にゅうかん》の収容施設《しゅうようしせつ》では18人《にん》がなくなっています。たとえば2014年《ねん》、茨城県牛久市《いばらきけんうしくし》にある収容施設《しゅうようしせつ》では、「水《みず》を！死《し》んでしまう！」と何時間《なんじかん》も床《ゆか》の上《うえ》で苦《くる》しみつづけたカメルーン人男性《じんだんせい》がなくなりました。また、収容《しゅうよう》された人《ひと》が入管職員《にゅうかんしょくいん》から暴行《ぼうこう》を受《う》ける事件《じけん》も起《お》きていて、いくつもの裁判《さいばん》で、その暴力《ぼうりょく》が違法《いほう》であることがみとめられています。外《そと》にいる人《ひと》から見《み》えない「密室《みっしつ》」だからこそ、こうした人権《じんけん》を守《まも》らないおこないが絶《た》えません。

Q12 在留資格《ざいりゅうしかく》がないのは「わるいこと」なのでは？

A12 在留資格《ざいりゅうしかく》のある・なしは書類《しょるい》ひとつのちがいでしかないよ

第《だい》１章《しょう》でも伝《つた》えたように、「仕事《しごと》をうしなった」、「生活《せいかつ》が苦《くる》しくなって学校《がっこう》に行《い》けなくなった」、「パートナーと離婚《りこん》した」などは、だれにでも起《お》きるかもしれない変化《へんか》ですが、日本《にほん》にくらす日本国籍以外《にほんこくせきいがい》の人《ひと》びとは、こうした「変化《へんか》」によって在留資格《ざいりゅうしかく》そのものをうしなってしまうことがあります。

アメリカでは２０２１年《ねん》以降《いこう》、そうした人《ひと》びとに、「illegal《イリーガル》 alien《エイリアン》（不法在留外国人《ふほうざいりゅうがいこくじん》）」ではなく、「undocumented《アンドキュメンテッド》（必要《ひつよう》な書類《しょるい》を持《も》たない）」といったことばをつかう方針《ほうしん》をしめしています。つまり、在留資格《ざいりゅうしかく》があるのか、それともうしなっているのかは、「書類《しょるい》」ひとつのちがいでしかなく、とりたてて「わるい人《ひと》」、「危険《きけん》な人《ひと》」のように印象《いんしょう》づけることばは、偏見《へんけん》や差別《さべつ》を生《う》むからやめよう、とよびかけたのです。

一方《いっぽう》、日本《にほん》の入管《にゅうかん》はかわらず、「不法滞在《ふほうたいざい》」ということばをつかっています。ただ、在留資格《ざいりゅうしかく》をうしなってしまったとしても、それは人権《じんけん》をうしなってしまうことでは本来《ほんらい》ありません。どんな立場《たちば》の人《ひと》であっても、物《もの》のようにあつかったり、暴力《ぼうりょく》をふるったり、病院《びょういん》に行《い》かせないで弱《よわ》らせるようなことがあってはならないのです。

Q13 ほかの国《くに》でも長《なが》いあいだ収容《しゅうよう》されてしまうの？

A13 ヨーロッパでは日本《にほん》のように長《なが》く収容《しゅうよう》する国《くに》はほとんどないよ

たとえばドイツやフランスなど、EU《イーユー》（欧州連合《おうしゅうれんごう》）に加盟《かめい》している国《くに》は、収容《しゅうよう》すること、あるいは解放《かいほう》することの判断《はんだん》のどちらかに、かならず裁判所《さいばんしょ》など、入管《にゅうかん》以外《いがい》の機関《きかん》がかかわります。平均《へいきん》の収容期間《しゅうようきかん》は日本《にほん》のように長《なが》くはなく、「なぜ解放《かいほう》されないの？」、「どうして収容《しゅうよう》されたままなの？」ということが、収容《しゅうよう》されている人《ひと》にまったく知《し》らされない、という状況《じょうきょう》にもなりません。

03

命《いのち》の危険《きけん》から　のがれてきたのに

アハメットさんのお話《はなし》

自然《しぜん》にかこまれた農村《のうそん》のくらし

「山以外《やまいがい》に友《とも》はいない」——そんなことばをきいたことがあるでしょうか？　これはトルコ、イラン、イラク、シリアなどにまたがってくらす、クルド人《じん》Q14《108ページ》のことわざです。クルド人《じん》は多《おお》くがイスラム教徒《きょうと》で、ふるくから羊《ひつじ》やヤギの放牧《ほうぼく》をしたり、農業《のうぎょう》をしたりしながらくらしてきました。「国《くに》をもたない最大《さいだい》の民族《みんぞく》」といわれ、世界《せかい》での人口《じんこう》は3000万《まん》～4000万人《まんにん》ほどといわれていますが、それぞれの国《くに》のなかでは少数民族《しょうすうみんぞく》としてあつかわれています。これまで各国政府《かっこくせいふ》からしいたげられたり、「あなたたちの国《くに》をもたせてあげる」と近《ちか》づいてきた大《おお》きな国《くに》に、その約束《やくそく》をやぶられたり、という歴史《れきし》をたどってきました。あの「山以外《やまいがい》に友《とも》はいない」ということわざは、「みんな自分《じぶん》たちをうらぎっていく、友《とも》だちとよべるのは山《やま》だけだ」というクルド人《じん》の思《おも》いをあらわすようなことばなのです。

トルコのなかではとくに東南部《とうなんぶ》に、多《おお》くのクルド人《じん》がくらしています。山《やま》にかこまれたのどかな農村《のうそん》で、1950年代《ねんだい》に、アハメット・カザンキランさんは6人《にん》きょうだいの5番目《ばんめ》の子《こ》どもとして生《う》まれました。緑《みどり》ゆたかな村《むら》に水道《すいどう》はなく、飲《の》み水《みず》もからだを洗《あら》う水《みず》もすべて井戸《いど》からくんでいました。当時《とうじ》は電気《でんき》もとおっていなかったので、アルコールランプを灯《とも》して夜《よる》を

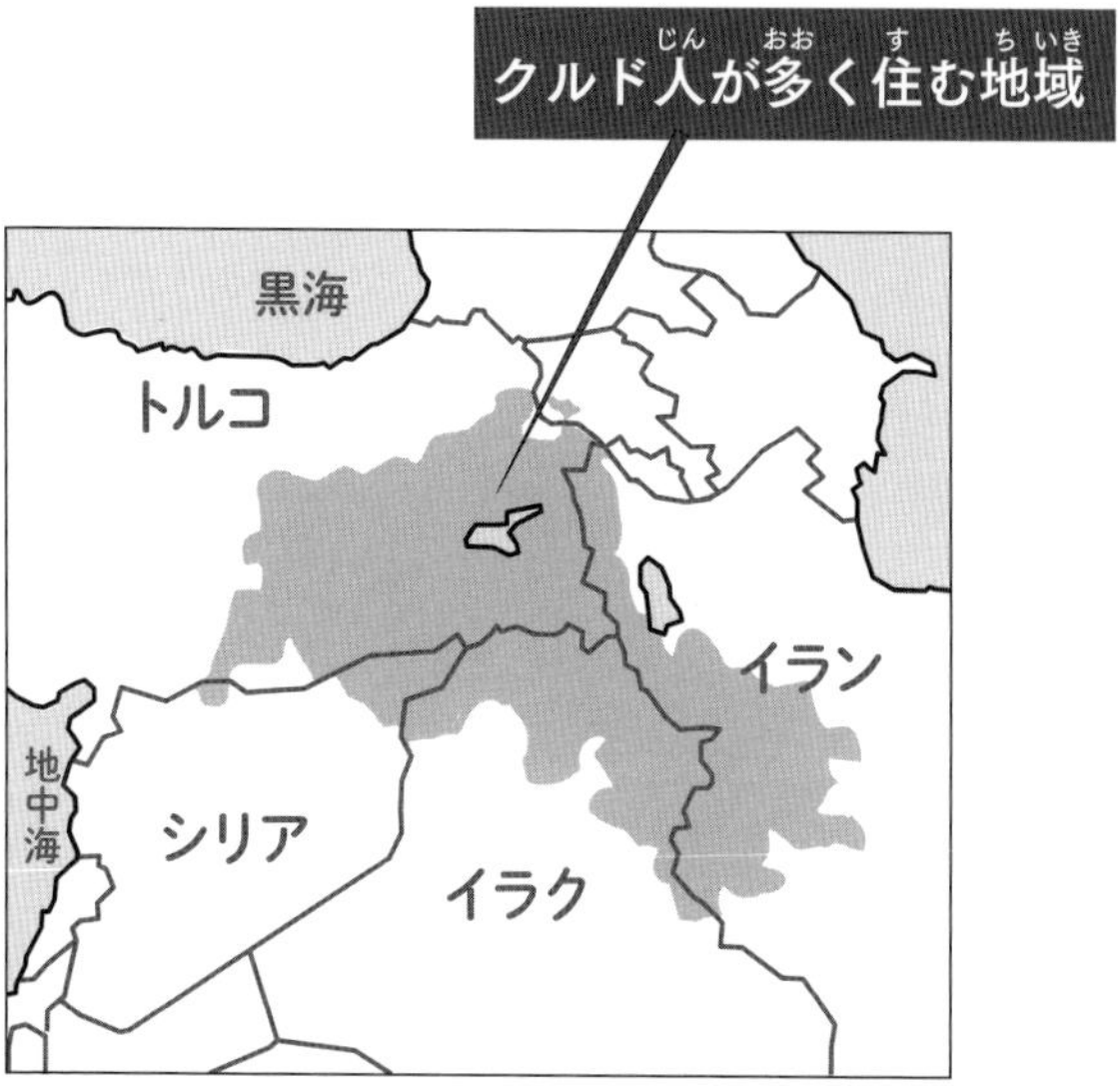

すごしました。冬《ふゆ》になると、おさないアハメットさんの腰《こし》よりも高《たか》く雪《ゆき》が積《つ》もり、遠《とお》くに見《み》える山々《やまやま》は、真《ま》っ白《しろ》にかがやいてみえました。

家族《かぞく》は農業《のうぎょう》をいとなみ、麦《むぎ》やヒヨコ豆《まめ》を育《そだ》てていました。村《むら》には、人《ひと》びとの生活《せいかつ》をささえる動物《どうぶつ》がたくさんいます。アハメットさんの家《いえ》ではヤギや牛《うし》、水牛《すいぎゅう》を飼《か》っていました。アハメットさんもおさないころから、牛《うし》たちにおいしい草《くさ》をおなかいっぱいに食《た》べさせるため、牧草地《ぼくそうち》に連《つ》れていく手伝《てつだ》いをしていました。朝《あさ》ごはんの時間《じかん》になると、ヤギのミルクのチーズを、かまどで焼《や》いた手《て》づくりパンといっしょにほおばります。

近所《きんじょ》には、街《まち》のお店《みせ》で見《み》かけるようなお

もちゃを売《う》っている場所《ばしょ》はありません。アハメットさんは泥《どろ》をこねたり、野菜《やさい》のズッキーニをナイフでけずって車《くるま》のかたちにしたりして遊《あそ》んでいました。ときどき兄《あに》たちが、木材《もくざい》で小《ちい》さな車《くるま》をつくってくれると大《おお》よろこびです。よく晴《は》れた日《ひ》には、オオカミのように大《おお》きな犬《いぬ》のジョーといっしょに、山《やま》をかけまわることも、大好《だいす》きでした。

禁止《きんし》されていた民族《みんぞく》のことば

村《むら》には学校《がっこう》が小学校《しょうがっこう》までしかありません。中学校《ちゅうがっこう》や高校《こうこう》にかよう兄《あに》たちのために、アハメットさんが小学校《しょうがっこう》2年生《ねんせい》のとき、家族《かぞく》は街《まち》に移《うつ》り住《す》み、夏休《なつやす》みには村《むら》にまたもどってくる生活《せいかつ》がはじまりました。ところがその街《まち》の小学校《しょうがっこう》で、思《おも》わぬできごとがアハメットさんを待《ま》ちかまえていました。

あるとき教室《きょうしつ》で、ひとりのクラスメイトがとつぜんこう言《い》いました。

「先生《せんせい》！　アハメットがクルド語《ご》をつかっていました！」

すると先生《せんせい》はアハメットさんをにらみつけながらみなの前《まえ》に立《た》たせ、長《なが》いものさしをつかってアハメットさんの手《て》を思《おも》いきりたたきました。

「クルド語《ご》なんて！　ここはトルコ語《ご》を勉強《べんきょう》する場所《ばしょ》だ！　トルコ人《じん》としてのほこりをもつ

ための場所《ばしょ》だ！」

アハメットさんにはなにがなんだかわかりませんでした。アハメットさんのお父《とう》さんはクルド人《じん》、お母《かあ》さんはトルコ人《じん》です。家《いえ》のなかではクルド語《ご》とトルコ語《ご》がまざってとびかい、それがあたりまえだと思《おも》っていました。そのころは自分《じぶん》が「クルド人《じん》」であることもよくわかっていなかったのです。

「いつもつかっていることばで話《はな》しただけなのに、どうしてこんなことになってしまったんだろう……」

その後《ご》も先生《せんせい》は、教室《きょうしつ》のなかでアハメットさんを片足《かたあし》で立《た》たせつづけ、バランスをくずすとまたたたかれました。

苦《くる》しいできごとはつづきます。またあるとき、おなじ学校《がっこう》にかよう男《おとこ》の子《こ》たち10人《にん》もが、アハメットさんを取《と》りかこみ、「おまえ、クルド人《じん》だろう」となぐりかかってきたのです。大人数《おおにんずう》にたったひとりではかないません。とちゅうで兄《あに》がとめに入《はい》ってくれましたが、アハメットさんは鼻《はな》をへし折《お》られ、大《おお》けがをします。

「ぼくはだれにも暴力《ぼうりょく》をふるっていないのに、なんでこんな目《め》にあわなければならないのかな……」

アハメットさんはただただ混乱《こんらん》し、そして悲《かな》しくなりました。じつはなぐりかかってきた10

人《にん》はみなトルコ人《じん》ではなく、そのなかにクルド人《じん》の男《おとこ》の子《こ》もふたりいました。ふたりともクルド人《じん》であることを、かくしていたのです。

こっそり祝《いわ》ったクルドの正月《しょうがつ》

アハメットさんは、兄《あに》の影響《えいきょう》もあり、本《ほん》を読《よ》むことに熱中《ねっちゅう》するようになりました。その習慣《しゅうかん》は中学生《ちゅうがくせい》、高校生《こうこうせい》になってもつづき、宗教《しゅうきょう》、経済《けいざい》、政治《せいじ》……手《て》に入《はい》るかぎりの書物《しょもつ》をくまなく読《よ》みこみました。とくにトルコ政府《せいふ》を批判《ひはん》するような本《ほん》はきびしく制限《せいげん》されていたので、人《ひと》から人《ひと》にこっそり手《て》わたされていったものに目《め》をとおし、アハメットさんは、クルド人《じん》がどんな状況《じょうきょう》におかれてきたのかに気《き》づいていきます。

トルコ政府《せいふ》は「この国《くに》にはトルコ人《じん》しかいない」という方針《ほうしん》をとり、クルド人《じん》は「山《やま》にいるトルコ語《ご》をわすれた人《ひと》たち」、「おくれた人《ひと》たち」と差別《さべつ》を受《う》けていました。

国《くに》のことばはトルコ語《ご》のみと決《き》められ、学校《がっこう》や役所《やくしょ》などでのクルド語《ご》の使用《しよう》は禁止《きんし》されていました。クルド語《ご》で本《ほん》を出《だ》したり、音楽《おんがく》を売《う》ったりすることもみとめられていませんでした。そのため、ヨーロッパで出版《しゅっぱん》されたクルド語《ご》の本《ほん》や録音《ろくおん》された音楽《おんがく》を、こっそりトルコにもちこむ人《ひと》たちもいました。

「ただクルド人《じん》というだけで、こんなあつかいを受《う》けなければならないなんて……」

アハメットさんはやがて高校《こうこう》の友人《ゆうじん》たちと、クルドの音楽《おんがく》をきくようになりました。けれどもし、そんなことがばれたら、自分《じぶん》にも家族《かぞく》にも危険《きけん》がおよぶかもしれません。街《まち》では警察《けいさつ》が目《め》をひからせています。そこでアハメットさんは、友人《ゆうじん》たちと山《やま》に行《い》き、しげみのなかにカセットテープの再生機《さいせいき》をもちこんで、こっそりその音色《ねいろ》に耳《みみ》をかたむけていました。

3月《がつ》21日《にち》は、「ネウロズ」とよばれるクルドのお正月《しょうがつ》です。新年《しんねん》を祝《いわ》うため、いろとりどりの伝統衣装《でんとういしょう》を着《き》て、手《て》をつなぎながらおどる文化《ぶんか》があります。けれどもクルドのことばや音楽《おんがく》がきびしく取《と》りしまられていたトルコでは、人前《ひとまえ》でそのお正月《しょうがつ》を堂々《どうどう》と楽《たの》しむわけにはいきません。

アハメットさんは親《おや》たちにもないしょで、また夜《よる》の山《やま》へと出《で》かけていきました。そこで友人《ゆうじん》たちとたき火《び》のまわりをとびはねながら、クルドの歌《うた》を歌《うた》い、小《ちい》さなお祝《いわ》いをしました。しあわせな時間《じかん》をすごしながらも、「もしも見《み》つかったら、どんなに危険《きけん》だろう。もしかしたらだれかが遠《とお》くから監視《かんし》しているかもしれない」という恐怖《きょうふ》を消《け》すことはできませんでした。

安全《あんぜん》な場所《ばしょ》をもとめて、日本《にほん》へ

アハメットさんはその後《ご》、結婚《けっこん》し、5人《にん》の子《こ》どもの父親《ちちおや》になりましたが、トルコでくらしつづける不安《ふあん》は消《き》えません。高校時代《こうこうじだい》のクルド人《じん》の友人《ゆうじん》たちは、理由《りゆう》もはっきりしないまま連行《れんこう》されたり、警察《けいさつ》から暴力《ぼうりょく》を受《う》けたりすることがつづいていました。「クルド人《じん》だから」というだけの理由《りゆう》で、いつ自分《じぶん》や自分《じぶん》の家族《かぞく》の身《み》がより危《あぶ》なくなるかもわかりません。

「ぜいたくなくらしをしたいわけじゃないんだ。でもどこか、みんないっしょに安心《あんしん》してくらせるところをさがさないと……」

これから成長《せいちょう》していく子《こ》どもたちのことも考《かんが》え、アハメットさんは住《す》みなれた土地《とち》をはなれ、安全《あんぜん》にくらせる場所《ばしょ》をさがす旅《たび》に出《で》る決心《けっしん》をしました。

アハメットさんはまず、入国許可《にゅうこくきょか》がおりたシンガポールにむかい、さらにそこから、多様《たよう》なルーツの人《ひと》びとがくらす、オーストラリアやカナダをめざすつもりでした。その道中《どうちゅう》で、たまたま知《し》り合《あ》った人《ひと》が、こんな提案《ていあん》をしてきたのです。

「日本《にほん》に行《い》ったらどうだ？　豊《ゆた》かな国《くに》だし、仕事《しごと》だって見《み》つかるはずさ」

たしかにそのころ、日本《にほん》は景気《けいき》がよかったうえに、人手《ひとで》が足《た》りず、多《おお》くの外国人労働者《がいこくじんろうどうしゃ》たちが経済《けいざい》をささえていました。取《と》りしまりもきびしくなく、日本《にほん》に滞在《たいざい》できる期間《きかん》をこえて働《はたら》きつづけている人《ひと》が警察《けいさつ》に見《み》つかっても、「気《き》をつけてね」と言《い》われるだけで、見《み》のがされることがすくなくなかったといいます。

そんな話《はなし》を信《しん》じ、アハメットさんは、1990年《ねん》の11月《がつ》、はじめて日本《にほん》をおとずれました。

「街《まち》にこんなにたくさんの人《ひと》がいるなんて！　しかもみんな、仕事《しごと》でいそがしそうだなあ」

のんびりとした農村《のうそん》で育《そだ》ったアハメットさんは、街《まち》じゅうをせわしなく行《い》きかう人《ひと》たちのようすにおどろきます。

「数《かぞ》えきれないほどの人《ひと》がいて、電車《でんしゃ》もどんどんとおっていくのに、どれも時間《じかん》が正確《せいかく》だなあ。時刻表《じこくひょう》どおりに列車《れっしゃ》がやってくるぞ」

なによりアハメットさんがびっくりしたことがあります。

「街《まち》に軍人《ぐんじん》がひとりもいない！　武器《ぶき》をもった兵隊《へいたい》たちがいないぞ！」

アハメットさんはその後《ご》も、トルコに残《のこ》った家族《かぞく》のようすを見《み》に、ひっそりとふるさとにもどったり、ほかの国《くに》をおとずれてみたり、世界《せかい》のいろいろなところを転々《てんてん》としながら、くらす場所《ばしょ》をさがしつづけていました。けれどもビザがきびしかったり、働《はたら》き口《ぐち》をさがすのがむずかしかったりと、家族《かぞく》がいっしょに住《す》みつづけられる国《くに》を見《み》つけるのは、かんたんなことではありませんでした。

日本《にほん》ではなんとか、エアコン設備《せつび》の会社《かいしゃ》で仕事《しごと》を見《み》つけ、生活《せいかつ》をつなぐことができるようになったので、はなればなれだった家族《かぞく》をよびよせることに決《き》めました。アハメットさんが最初《さいしょ》に日本《にほん》にきてから、10年《ねん》ほどたったころです。

難民《なんみん》 Q15 Q16 《108、110ページ》、ということばをみなさんはきいたことがあるでしょうか。自分《じぶん》の国《くに》で安心《あんしん》してくらすことができず、命《いのち》の危険《きけん》からのがれるために、ほかの国《くに》に避難《ひなん》してきた人《ひと》たちのことをそうよびます。日本《にほん》は国連《こくれん》の「難民条約《なんみんじょうやく》」というものにくわわっている国《くに》として、難民《なんみん》がきたら助《たす》けることが国際的《こくさいてき》なきまりとなっています。アハメットさん一家《いっか》は「日本《にほん》で難民《なんみん》として保護《ほご》してほしい」という申請《しんせい》をしました。これがみとめられれば、自分《じぶん》の国《くに》に強制的《きょうせいてき》に帰国《きこく》させられる心配《しんぱい》がなくなり、ことばをまなんだり、日本《にほん》で生活《せいかつ》するための支援《しえん》を受《う》けられるようになります。

「日本《にほん》は世界《せかい》でいちばんといっていいほど発展《はってん》した国《くに》だ。平和《へいわ》だし、自分《じぶん》たちのことを守《まも》ってくれるにちがいない」

アハメットさんはそう、信《しん》じていました。

もっと知《し》りたい！ Q&A

Q14 日本《にほん》にはどれくらいのクルド人《じん》が住《す》んでいるの？

A14 約《やく》25000～30000人《にん》の人《ひと》たちがいるよ

アハメットさんがはじめて日本《にほん》にやってきた1990年代《ねんだい》から、差別《さべつ》や迫害《はくがい》（力《ちから》で追《お》いつめたり、苦《くる》しめること）などからのがれるため、すこしずつ日本《にほん》にくらすクルド人《じん》がふえていきます。いまでは埼玉県川口市《さいたまけんかわぐちし》や蕨市《わらびし》を中心《ちゅうしん》に、約《やく》25000～30000人《にん》のクルド人《じん》がくらしているといわれています。

Q15 世界《せかい》ではどれくらいの人《ひと》がふるさとをおわれているの？

A15 1億《おく》1000万人《まんにん》を超《こ》える人《ひと》たちがふるさとに帰《かえ》れずにいるよ

世界《せかい》には、戦争《せんそう》がつづく国《くに》もあれば、爆撃《ばくげき》や銃《じゅう》のうちあいはなくても、政府《せいふ》の監視《かんし》がきびしくて、自由《じゆう》な発言《はつげん》ができず、「もっと政府《せいふ》にこんなことをしてほしい」と意見《いけん》を言《い》うだけで、刑務所《けいむしょ》に入《い》れられてしまう国《くに》もあります。あるいは、信《しん》じている宗教《しゅうきょう》や人種《じんしゅ》によって、差別《さべつ》の対象《たいしょう》になったり、命《いのち》をねらわれたりすることもあります。

そうした状況《じょうきょう》から、「もう自分《じぶん》の国《くに》で生活《せいかつ》ができない」と、国外《こくがい》に避難《ひなん》した人《ひと》びとのことを「難民《なんみん》」とよびます。

国連《こくれん》のなかでも、難民《なんみん》の救済《きゅうさい》にかかわる仕事《しごと》をしているのが国連難民高等弁務官事務所《こくれんなんみんこうとうべんむかんじむしょ》（ＵＮＨＣＲ《ユーエヌエイチシーアール》）です。ＵＮＨＣＲ《ユーエヌエイチシーアール》は毎年《まいとし》、国外《こくがい》に難民《なんみん》としてのがれたり、国内《こくない》で避難生活《ひなんせいかつ》を送《おく》っている人《ひと》たちの人数《にんずう》を発表《はっぴょう》しています。その数《かず》は年々《ねんねん》ふえつづけ、２０２３年《ねん》５月《がつ》に発表《はっぴょう》された統計《とうけい》では、１億《おく》１０００万人《まんにん》を超《こ》えたとされています。世界《せかい》の人口《じんこう》はおよそ80億人《おくにん》なので、80人《にん》にひとり以上《いじょう》がふるさとを追《お》われていることになります。

２０２２年《ねん》２月《がつ》、ロシアがとなりの国《くに》のウクライナに侵攻《しんこう》したことで、避難者数《ひなんしゃすう》はぐっとふえてしまいましたが、中東《ちゅうとう》の国《くに》シリアなど、ほかにも戦争《せんそう》がつづいている地域《ちいき》からのがれた人《ひと》たちがいます。そして２０２３年《ねん》10月《がつ》には、パレスチナ自治区《じちく》・ガザというところにイスラエルがはげしい攻撃《こうげき》をくわえはじめ、２００万人《まんにん》ちかい住人《じゅうにん》たちが家《いえ》をうしなうことになってしまいました。

また、東南《とうなん》アジアの国《くに》、ミャンマーでは「軍《ぐん》が勝手《かって》に国《くに》のことを決《き》めるのはおかしい！」と路上《ろじょう》で抗議《こうぎ》の声《こえ》をあげる市民《しみん》が銃《じゅう》で殺《ころ》されたり、刑務所《けいむしょ》に入《い》れられたりしてしまうなど、安全《あんぜん》がおびやかされることがつづいてきました。

こうして、自分《じぶん》のくらしてきた国《くに》・地域《ちいき》のなかで命《いのち》の危険《きけん》にさらされている人《ひと》たちが、世界《せかい》ではあとをたちません。

Q16 移民《いみん》ということばもよくきくけど、難民《なんみん》とどうちがうの？

A16 移民《いみん》のなかにも自国《じこく》でくらせなくなった人《ひと》もいて、区別《くべつ》するのがむずかしいね

「移民《いみん》」と「難民《なんみん》」はすべてがことなるわけではありません。「難民《なんみん》」は命《いのち》の危険《きけん》などから、ふるさとをはなれざるをえなかった人《ひと》びとで、難民条約《なんみんじょうやく》などにもとづいて、国際的《こくさいてき》な保護《ほご》の対象《たいしょう》になりえます。

一方《いっぽう》「移民《いみん》」は、さまざまな目的《もくてき》でくらしていた国《くに》をはなれ、国境《こっきょう》を越《こ》えてきた人《ひと》たち、と広《ひろ》くとらえられることがあります。

ただ、「移民《いみん》」とよばれる人《ひと》たちのなかにも、国籍《こくせき》のある国《くに》の経済《けいざい》が苦《くる》しく、安定《あんてい》したく

らしがのぞめなくなってやむなく移《い》動《どう》してきた人《ひと》などもいます。

そして、移動《いどう》した先《さき》で仕事《しごと》をえたり、結婚《けっこん》をして子《こ》どもが生《う》まれたり、生活《せいかつ》の土台《どだい》をつくりあげていく人《ひと》たちは、日本《にほん》にも世界《せかい》にもたくさんいます。

移民《いみん》の人《ひと》たちにむかって、「いつでも国《くに》に帰《かえ》れるでしょう」という人たちがいますが、単純《たんじゅん》に語《かた》れるような話《はなし》ではありません。

どうして日本《にほん》は自分《じぶん》たちを守《まも》ってくれないの？

「日本《にほん》が自分《じぶん》たちのことを守《まも》ってくれるにちがいない――」

アハメットさんはそう信《しん》じて、難民申請《なんみんしんせい》の結果《けっか》を待《ま》っていました。ところが日本政府《にほんせいふ》は、アハメットさんたちをなかなか難民《なんみん》としてみとめようとしませんでした。

そもそも日本《にほん》はその当時《とうじ》も、そしていまも、**難民《なんみん》をほとんど受《う》け入《い》れていません。**Q17 Q18 Q19《123、125、127ページ》やむをえずアハメットさんたちは、「自分《じぶん》たちが難民《なんみん》として保護《ほご》されないのはおかしい」と裁判《さいばん》を起《お》こします。そうした手《て》つづきを進《すす》めないと、トルコに送《おく》りかえされてしまうからです。そのあいだに、国連《こくれん》の機関《きかん》であるＵＮＨＣＲ《ユーエヌエイチシーアール》が、アハメットさんたちを難民《なんみん》であるとみとめました。これは大切《たいせつ》な一歩《いっぽ》ではありました。

しかし、実際《じっさい》にその人《ひと》を難民《なんみん》として認定《にんてい》し、保護《ほご》をするための具体的《ぐたいてき》な手《て》つづきを進《すす》め、支援《しえん》をするのは、申請《しんせい》を受《う》けた国《くに》の役割《やくわり》です。ＵＮＨＣＲ《ユーエヌエイチシーアール》がみとめても、日本政府《にほんせいふ》が動《うご》かなければ、アハメットさんたち家族《かぞく》の状況《じょうきょう》は変《か》わりません。

「自分《じぶん》たちはなにもわるいことはしていない、ただ安心《あんしん》して生活《せいかつ》したいだけなのに……。それがどうやったら日本政府《にほんせいふ》に伝《つた》わるんだろう？」

そのころ、家族《かぞく》は仮放免《かりほうめん》という立場《たちば》になっていました。仮放免《かりほうめん》では、仕事《しごと》をすることも、健康保険《けんこうほけん》に入《はい》ることもみとめられません。アハメットさんの状況《じょうきょう》を知《し》って、「なんとかしなければ」と集《あつ》まった人《ひと》たちや支援団体《しえんだんたい》にたよらなければ、くらしていくことができませんでした。

「こうなったら自分《じぶん》たちのことを難民《なんみん》だとみとめた国連《こくれん》から、日本政府《にほんせいふ》に働《はたら》きかけてもらうしかない」

難民認定《なんみんにんてい》に進展《しんてん》がなく、お金《かね》にもこまるぎりぎりの日々《ひび》 Q20 Q21 《130、131ページ》を送《おく》っていたアハメットさんは、やむをえず、2004年《ねん》の夏《なつ》、ほかの家族《かぞく》とともに、東京《とうきょう》・渋谷区《しぶやく》にある国連大学《こくれんだいがく》（研究《けんきゅう》や教育《きょういく》プログラムをおこなう国連《こくれん》の機関《きかん》）の前《まえ》で、泊《と》まりこみの抗議《こうぎ》をおこなうことを決《き》めます。それほど、追《お》いつめられていたのです。

「ほかの国《くに》ではたくさんのクルド人《じん》が難民《なんみん》としてみとめられているのに Q22 《132ページ》どうして日本《にほん》は自分《じぶん》たちを無視《むし》するんですか！　国連《こくれん》は日本政府《にほんせいふ》にきちんと人権《じんけん》を守《まも》るようにいってください！」

アハメットさんは、妻《つま》や娘《むすめ》、息子《むすこ》たちといっしょに、国連大学《こくれんだいがく》の下《した》で寝泊《ねと》まりをしながら、日本政府《にほんせいふ》に難民認定《なんみんにんてい》をもとめる署名活動《しょめいかつどう》をはじめました。

「とにかくたくさんの人《ひと》たちに、自分《じぶん》たちがおかれている状況《じょうきょう》を知《し》ってもらおう！」

真夏《まなつ》の炎天下《えんてんか》、ときには汗《あせ》だくになりながら路上《ろじょう》でチラシをくばっても、目《め》を合《あ》わせずとおりすぎていく人《ひと》たちがほとんどでした。

一方《いっぽう》で、たまたまチラシを見《み》てアハメットさんのことを知《し》った日本《にほん》の市民《しみん》や、アハメットさんの娘《むすめ》たちがかよっていた高校《こうこう》の先生《せんせい》が現場《げんば》にかけつけ、署名集《しょめいあつ》めにくわわっていきました。

ところが国連《こくれん》は、日本政府《にほんせいふ》との関係《かんけい》をわるくしたくないからか、なかなかアハメットさんのうったえをきこうとしません。話《はな》し合《あ》いの時間《じかん》をつくらず、むしろ国連大学《こくれんだいがく》の敷地《しきち》からアハメットさんたちを強制的《きょうせいてき》に立《た》ちのかせようと動《うご》いていたのです。

「ここは民主主義《みんしゅしゅぎ》の国《くに》でしょう！」

自分《じぶん》たちをしめ出《だ》そうと、ずらりとならんだ警備員《けいびいん》たちに、アハメットさんたちは力《ちから》のかぎりさけびました。アハメットさん一家《いっか》をささえようと集《あつ》まってきていた支援者《しえんしゃ》たちも、必死《ひっし》にうったえました。

「難民《なんみん》を守《まも》ることが仕事《しごと》の人《ひと》たちが、難民《なんみん》を力《ちから》づくで追《お》い出《だ》していいんですか？」

アハメットさんたちとともに多《おお》くの日本《にほん》の市民《しみん》が声《こえ》をあげたため、国連《こくれん》はアハメットさんたちを追《お》い出《だ》すのではなく、後日《ごじつ》、話《はな》し合《あ》いの場《ば》をもつことを約束《やくそく》しました。敷地内《しきちない》での活動《かつどう》が、ようやくおわりをむかえます。ジリジリと太陽《たいよう》がてりつける季節《きせつ》に、泊《と》まりこみでの抗議《こうぎ》と、こうした国連《こくれん》との緊張《きんちょう》したやりとりは、2か月《げつ》あまりもつづいていました。そのあいだ、

新聞《しんぶん》やテレビがアハメットさんたちのことを報《ほう》じ、署名《しょめい》は6万人分《まんにんぶん》も集《あつ》まりました。日本政府《にほんせいふ》にも署名《しょめい》を届《とど》け、「きっとこれ以上状況《いじょうじょうきょう》はわるくならないはずだ」と、アハメットさんも支援者《しえんしゃ》たちも思《おも》っていました。ところが……。

ふたたび、ひきさかれた家族《かぞく》

翌年《よくねん》（2005年《ねん》）の1月《がつ》、アハメットさんは東京《とうきょう》・品川《しながわ》にある入管《にゅうかん》へとむかいました。第《だい》1章《しょう》に出《で》てきた、リアナさんのお父《とう》さんが収容《しゅうよう》されることになった場所《ばしょ》と、おなじ建物《たてもの》です。仮放免《かりほうめん》で生活《せいかつ》する人たちは、定期的《ていきてき》に、人《ひと》によっては毎月《まいつき》のように、その延長《えんちょう》のため、入管《にゅうかん》をおとずれなければなりません。いつものようにアハメットさんは、窓口《まどぐち》でのやりとりをすませて、家族《かぞく》といっしょに家《いえ》に帰《かえ》るはずでした。

けれども支援者《しえんしゃ》とアハメットさんの妻《つま》がいくら待《ま》っても、アハメットさんと長男《ちょうなん》は、手《て》つづきのための部屋《へや》に入《はい》ったままです。

ついにこの日《ひ》、入管《にゅうかん》からアハメットさんたちが出《で》てくることはありませんでした。なんと入管《にゅうかん》は、「仮放免《かりほうめん》を延長《えんちょう》する理由《りゆう》がありません」と、アハメットさんたちをとつぜん、収容施設《しゅうようしせつ》にとじこめてしまったのです。

「理由《りゆう》がない」はずはありません。アハメットさんたちは国連《こくれん》から難民《なんみん》としてみとめられ、「強制的《きょうせいてき》に帰国《きこく》させないでほしい」という裁判《さいばん》も起《お》こしていました。家族《かぞく》も支援者《しえんしゃ》も、「どうしたらいいの！」と大《おお》あわてです。

一方《いっぽう》、とつぜん収容《しゅうよう》されたアハメットさんも混乱《こんらん》していました。ここは、理由《りゆう》もわからず連行《れんこう》されたり、刑務所《けいむしょ》にとじこめられたりするかもしれない、とおびえていたトルコではありません。ゆたかで平和《へいわ》だと思《おも》っていた国《くに》で、なぜこんな目《め》にあわなければならないのか、どんなに考《かんが》えてもまったくわかりませんでした。

「おなじ人間《にんげん》なのに……。この社会《しゃかい》で自分《じぶん》はどうして、〝ほんとうの人間《にんげん》〟としてあつかわれないのだろう？」

翌朝《よくあさ》、アハメットさんたちと面会《めんかい》するため、家族《かぞく》が入管《にゅうかん》をおとずれると、職員《しょくいん》はこう言《い》いはなちました。

「もうここにはいない。空港《くうこう》にむかっている」

なんということでしょう。アハメットさんたちはクルド人《じん》として、身《み》の危険《きけん》を感《かん》じていたからこそ、遠《とお》くはなれた日本《にほん》までのがれてきたのです。なのに、このままでは飛行機《ひこうき》に乗《の》せられ、トルコに送《おく》りかえされてしまうかもしれません。

家族《かぞく》、支援者《しえんしゃ》、弁護士《べんごし》たちは、いそいでこの日《ひ》、記者《きしゃ》たちを集《あつ》めて会見《かいけん》を開《ひら》き、会場《かいじょう》には多《おお》

くのメディアがつめかけました。ところがその最中《さいちゅう》、支援者《しえんしゃ》のひとりが、会見《かいけん》で話《はな》していた弁護士《べんごし》のもとにかけよって、1枚《まい》のメモをわたします。それを見《み》た弁護士《べんごし》の顔《かお》がゆがみ、重々《おもおも》しい声《こえ》でこう言《い》いました。

「いま……離陸《りりく》したそうです」

アハメットさんたちを乗《の》せた飛行機《ひこうき》は、家族《かぞく》が必死《ひっし》に記者《きしゃ》たちに現状《げんじょう》をうったえているまさにそのとき、トルコへと飛《と》びたってしまったのです。

会見場《かいけんじょう》は、パニック状態《じょうたい》になり泣《な》きさけぶ家族《かぞく》たちの声《こえ》でいっぱいになりました。ずっとはなればなれでくらし、ようやく日本《にほん》でいっしょに生活《せいかつ》できていたにもかかわらず、ふたたび一家《いっか》は、ひきさかれてしまいました。

「お父《とう》さんの身《み》になにかあったらどうするんですか！」

「わたしたちはどうやったらしあわせになれるんですか！」

どんなにさけんでも、飛行機《ひこうき》をよびもどすことはもう、できません。涙《なみだ》のとまらない家族《かぞく》、ぼうぜんとうなだれる支援者《しえんしゃ》たち――。

難民《なんみん》をここまで堂々《どうどう》と送《おく》りかえしてしまう例《れい》などこれまでになく、弁護士《べんごし》もとまどいをかくせませんでした。

その後《ご》もみな、トルコに送還《そうかん》されてしまったふたりが無事《ぶじ》なのか、生《い》きているのか、心配《しんぱい》でたまりませんでした。

じつはその6年前《ねんまえ》にあたる1999年《ねん》、アハメットさんとおなじように日本《にほん》に避難《ひなん》してきたクルド人《じん》の男性《だんせい》が、難民《なんみん》としてみとめられず、「入管《にゅうかん》に収容《しゅうよう》されるくらいなら帰国《きこく》しよう」とやむをえずトルコにもどったところ、自宅《じたく》で殺《ころ》されてしまった事件《じけん》が起《お》きているのです。

ニュージーランドでむかえた新《あたら》しい生活《せいかつ》

無理《むり》やり飛行機《ひこうき》に乗《の》せられたアハメットさんたちは、トルコの空港《くうこう》に着《つ》くとすぐに、警察署《けいさつしょ》へと連《つ》れていかれ、取《と》り調《しら》べを受《う》けました。その後《ご》、なんとか解放《かいほう》されたものの、いつもだれかが、自分《じぶん》のあとをつけてきます。つねに監視《かんし》されている生活《せいかつ》は、緊張《きんちょう》を強《し》いられました。家《いえ》から出《で》て散歩《さんぽ》するとき、街《まち》に買《か》いものに出《で》るとき——。「どこで警察《けいさつ》が見《み》ているかわからない」と、ぎゅっとからだがこわばるのです。

トルコの若者《わかもの》には、一定《いってい》の期間《きかん》、軍隊《ぐんたい》で訓練《くんれん》を受《う》ける「兵役《へいえき》」が義務《ぎむ》づけられています。いっしょに送還《そうかん》された20歳《さい》の長男《ちょうなん》は、警察《けいさつ》の取《と》り調《しら》べを受《う》けたあとに、「まだ兵役《へいえき》をはたしていないだろう」と、そのまま軍隊《ぐんたい》に入《い》れられることになりました。つまり、軍《ぐん》の監視《かんし》のもとに置《お》かれることになったのです。

「わたしたちにはもう、希望《きぼう》なんか残《のこ》されていないのかもしれない——」

アハメットさんも家族《かぞく》たちもあきらめかけていたとき、UNHCR《ユーエヌエイチシーアール》の仲介《ちゅうかい》で、家族《かぞく》を難民《なんみん》としてむかえ入《い》れたのが、南半球《みなみはんきゅう》の国《くに》、ニュージーランドでした。Q23 《134ページ》 日本《にほん》に残《のこ》されていた妻《つま》や娘《むすめ》たちが先《さき》に受《う》け入《い》れられ、すこしおくれてアハメットさん、1年後《ねんご》には長男《ちょうなん》も合流《ごうりゅう》しました。

はばひろく移民《いみん》や難民《なんみん》を受《う》け入《い》れてきたニュージーランドの支援《しえん》は、UNHCR《ユーエヌエイチシーアール》があいだに入《はい》ったこともあり、ひじょうに手厚《てあつ》いものでした。一家《いっか》は提供《ていきょう》された住居《じゅうきょ》でいっしょにくらし、英語《えいご》をすこしずつ学《まな》びました。多《おお》くのボランティアたちがアハメットさんたち家族《かぞく》にかかわり、「娘《むすめ》さんたちが学校《がっこう》に入学《にゅうがく》する手つづきをしなくてはね」、「ゴミの出《だ》しかたはわかる？」と、日常《にちじょう》のなかでわからないことをていねいに教《おし》えてくれます。

住《す》むことになった北部《ほくぶ》のオークランドという街《まち》は、夏《なつ》は暑《あつ》すぎず、冬《ふゆ》は寒《さむ》すぎず、おだやかな気候《きこう》です。「世界《せかい》のなかでこんなにもすごしやすい街《まち》があるなんて！」とおどろくほどでした。夜《よる》になると、港《みなと》のまわりには美《うつく》しい夜景《やけい》が広《ひろ》がります。

こうして、新《あたら》しい生活《せいかつ》にすこしずつなじんでいったアハメットさんたちは、やがてオークランドでクルド料理《りょうり》のレストランを開《ひら》きました。毎日《まいにち》のように地元《じもと》の人《ひと》びとや、街《まち》にくらす移民《いみん》労働者《ろうどうしゃ》たちが店《みせ》に集《あつ》まり、１００席《せき》ほどある店内《てんない》はいつもにぎわっています。働《はたら》いたお金《かね》で大《おお》きな家《いえ》も買《か》いました。家族《かぞく》はみんな、ニュージーランドの国籍《こくせき》を得《え》て、国《くに》の選挙《せんきょ》で投票《とうひょう》することもできます。「出《で》ていけ。トルコに帰《かえ》れ」と、アハメットさんを追《お》い出《だ》した日本《にほん》とは対照的《たいしょうてき》に、ニュージーランドは一家《いっか》の「国民《こくみん》」としての権利《けんり》をみとめたのです。

いそがしい毎日《まいにち》を送《おく》りながらも、アハメットさんは、日本《にほん》でくらしていた日々《ひび》のことをよく思《おも》いかえします。つらかったこと、苦《くる》しかったこと、そして、「山《やま》」以外《いがい》にも多《おお》くの友《とも》だちが集《あつ》まり、家族《かぞく》をささえようとしたことも——。

「自分《じぶん》たちを苦《くる》しめていたのは人《ひと》ではなく、国《くに》のシステムだったんだろうな……」

アハメットさんたちは、ときおりヤギのミルクを買《か》ってきては、チーズをつくって食卓《しょくたく》にならべます。ふるさとの村《むら》で、両親《りょうしん》やきょうだいと食事《しょくじ》をかこんだ、その味《あじ》を思《おも》いうかべながら。

オークランド
Auckland, New Zealand

もっと知《し》りたい！Q&A

Q17 日本《にほん》はどれくらい難民《なんみん》を受《う》け入《い》れているの？

A17 ほかの国《くに》にくらべるととてもすくなくて、2021年《ねん》は74人《にん》だけだったよ

日本《にほん》で難民《なんみん》としてみとめられるためには、入管《にゅうかん》に「難民申請《なんみんしんせい》」をして、審査《しんさ》を受《う》ける必要《ひつよう》があります。日本《にほん》は1981年《ねん》、各国《かっこく》がどのように難民《なんみん》を受《う》け入《い》れ、どのように守《まも》っていくかを定《さだ》めた国連《こくれん》の「難民条約《なんみんじょうやく》」にくわわっています。この条約《じょうやく》をむすんだ国《くに》にはとうぜん、命《いのち》の危険《きけん》からのがれてきた人《ひと》たちを守《まも》る責任《せきにん》があります。たとえばA《エー》という国《くに》に避難《ひなん》した人《ひと》は保護《ほご》されたけれど、B《ビー》という国《くに》にのがれた人《ひと》は、国籍《こくせき》のある国《くに》に送《おく》りかえされてしまった、ということがないようにしなければならないのです。

ところが、2021年《ねん》に日本《にほん》で審査《しんさ》された約《やく》1万人《まんにん》のうち、難民《なんみん》としてみとめられたのは74人《にん》だけです。おなじ年《とし》、ドイツでは3万《まん》8918人《にん》、ニュージーランドでも、アハメッ

トさんのように、UNHCR《ユーエヌエイチシーアール》が仲介《ちゅうかい》する人《ひと》びとを含《ふく》め、２２７６人《にん》を受《う》け入《い》れています。

翌年《よくねん》の日本《にほん》の難民認定《なんみんにんてい》は２０２人《にん》に増《ふ》えましたが、この２０２２年《ねん》は特別《とくべつ》な事情《じじょう》がありました。政《せい》治《じ》状況《じょうきょう》が大《おお》きく変《か》わったアフガニスタンの日本大使館職員《にほんたいしかんしょくいん》と家《か》族《ぞく》が日本《にほん》に避難《ひなん》し、１００人《にん》以《い》上《じょう》が難民認定《なんみんにんてい》されたのです。それをのぞいた受《う》け入《い》れ状況《じょうきょう》は、ほぼ変《か》わっていません。

各国《かっこく》の難民認定者数《なんみんにんていしゃすう》／難民認定率《なんみんにんていりつ》（2021 年《ねん》）

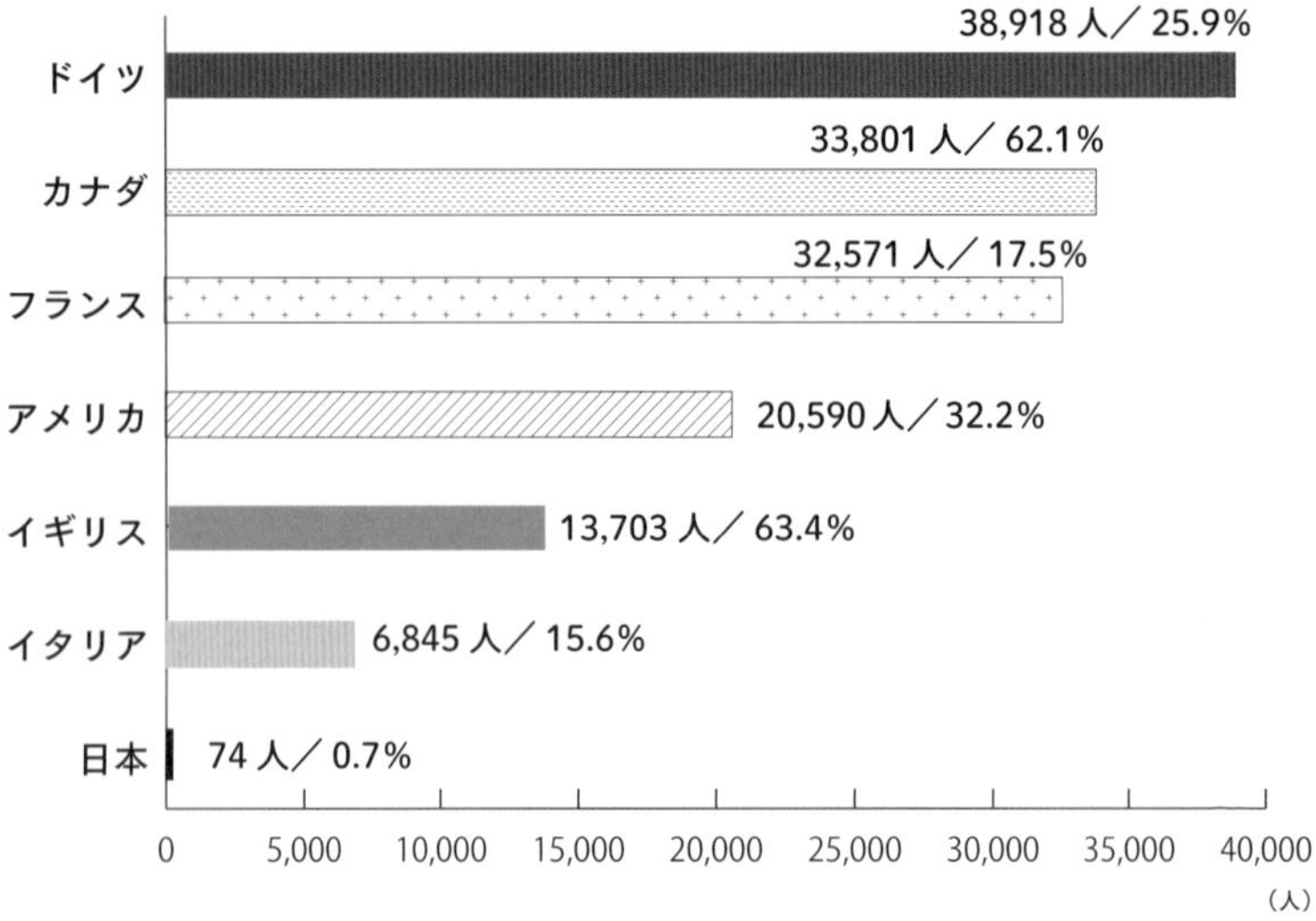

Q18 なぜ日本《にほん》では難民《なんみん》に認定《にんてい》される人《ひと》がすくないの？

A18 2つの異《こと》なる仕事《しごと》を入管《にゅうかん》が両方《りょうほう》おこなっていることが原因《げんいん》のひとつだね

大《おお》きな要因《よういん》として、「入国管理《にゅうこくかんり》」と「難民《なんみん》の保護《ほご》」というふたつの仕事《しごと》を、どちらも入管《にゅうかん》が独自《どくじ》におこなっていることがあげられます。

入管《にゅうかん》のおもな仕事《しごと》は、日本《にほん》に出入《でい》りする人《ひと》びとや滞在《たいざい》する人《ひと》を把握《はあく》して管理《かんり》することで、それによって「国《くに》の安全《あんぜん》を守《まも》る」のだといいます。ところがその入管《にゅうかん》が、迫害《はくがい》や紛争《ふんそう》などからのがれてきた人《ひと》たちを保護《ほご》し、難民《なんみん》として認定《にんてい》する仕事《しごと》も同時《どうじ》に担《にな》っているのです。

たとえば入管《にゅうかん》は「国《くに》の安全《あんぜん》を守《まも》る」という目的《もくてき》を達成《たっせい》するために、日本《にほん》で罪《つみ》をおかしたり、法律《ほうりつ》に違反《いはん》するようなことをした人《ひと》を、「国籍国《こくせきこく》に帰国《きこく》させる」ことがあります。その決定《けってい》と、「保護《ほご》が必要《ひつよう》な人《ひと》かどうか」の認定《にんてい》は、役割《やくわり》も、もとめられる知識《ちしき》も本来《ほんらい》ちがうはずです。

もともと「日本《にほん》から帰国《きこく》しなければならない人《ひと》かどうか判断《はんだん》する」ことを専門《せんもん》にしてきた入管《にゅうかん》が、難民保護《なんみんほご》についても決定《けってい》しようとした場合《ばあい》、なにが起《お》きるでしょうか？

まず、「あなたはほんとうに難民《なんみん》なの？」という疑《うたぐ》りぶかい目線《めせん》が、難民申請《なんみんしんせい》をした人《ひと》たちにむけられることになります。たとえば、「ほんとうに暴力《ぼうりょく》をふるわれたの？」、「あなたの国《くに》に迫害《はくがい》なんてあるの？」、「あなたの国《くに》の政府《せいふ》が〝アハメットをつかまえろ！〟と名指《なざ》しでねらっているとわかるものを出《だ》して」など、入管《にゅうかん》からたくさんの「証拠《しょうこ》」がもとめられます。

けれども、「このままでは殺《ころ》される」とけんめいに逃《に》げてきた人《ひと》が、どうやってその「証拠《しょうこ》」をもち出《だ》せるのでしょうか。警察署《けいさつしょ》や刑務所《けいむしょ》などで暴力《ぼうりょく》を受《う》けているときに、自分《じぶん》で写真《しゃしん》や動画《どうが》をとることはできません。

路上《ろじょう》で自分《じぶん》が警察《けいさつ》に暴力《ぼうりょく》をふるわれている写真《しゃしん》など、証拠《しょうこ》になりそうなにかが手《て》に入《はい》ったとしても、そうしたものをもって国外《こくがい》に逃《に》げようとしたところを見《み》つかれば、たちまち連《つ》れもどされて、さらにひどい拷問《ごうもん》（暴力《ぼうりょく》などを用《もち》いて、相手《あいて》の意思《いし》を変《か》えさせようとすること）をうけるかもしれません。

また、日本《にほん》では、のがれてきた理由《りゆう》を説明《せつめい》するために、もといた国《くに》で起《お》きた事件《じけん》や、政府《せいふ》の状況《じょうきょう》をしめす新聞記事《しんぶんきじ》など、ときには辞書《じしょ》のようにぶあつい資料《しりょう》を集《あつ》める必要《ひつよう》があります。

さらにそれを、日本語《にほんご》に訳《やく》さなければなりませんが、日本《にほん》にきたばかりの人《ひと》たちには、かんたんな読《よ》み書《か》きもむずかしいでしょう。あるていどの読《よ》み書《か》きができるとしても、専門的《せんもんてき》な書類《しょるい》を日本語《にほんご》で用意《ようい》することは困難《こんなん》なはずです。提出《ていしゅつ》する文章《ぶんしょう》の日本語訳《にほんごやく》をだれかにたのんだり、弁護士《べんごし》さんにおねがいするとなると、お金《かね》もかかります。

それだけの資料《しりょう》を集《あつ》めて、入管《にゅうかん》に自分《じぶん》の身《み》に起《お》きたことを説明《せつめい》しても、その説明《せつめい》じたいをなかなか、信《しん》じてもらえません。

しっかりと難民《なんみん》を保護《ほご》をしていくためには、入管《にゅうかん》にまかせるのではなく、独立《どくりつ》した別《べつ》の専門機関《せんもんきかん》が必要《ひつよう》であることが指摘《してき》されています。

Q19 飛行機《ひこうき》で逃《に》げるにはお金《かね》がかかるね。お金《かね》をもっていても難民《なんみん》なの？

A19 お金《かね》があっても命《いのち》の危険《きけん》があり、逃《に》げなければならない人《ひと》もいるよ

みなさんは「難民《なんみん》」ときいて、どんなすがたを思《おも》いうかべるでしょうか？

たとえば、テレビでよく報道《ほうどう》される難民《なんみん》キャンプを想像《そうぞう》する人《ひと》も多《おお》いかもしれません。

戦争《せんそう》をしている国《くに》のまわりには、難民《なんみん》キャンプとよばれる、国外《こくがい》に避難《ひなん》した人《ひと》たちが集《あつ》まって一時的《いちじてき》に生活《せいかつ》する場所《ばしょ》ができ、テントや簡素《かんそ》なプレハブ住宅《じゅうたく》が並《なら》んでいたりします。

そんな光景《こうけい》とともに、「難民《なんみん》って、ぼろぼろのテントや小屋《こや》に住《す》む、古《ふる》びた服《ふく》を着《き》た、貧《まず》

しい人《ひと》」というイメージをもたれることがあります。しかし、かならずしもそういう人《ひと》ばかりではありません。たとえ経済的《けいざいてき》にこまっていなくても、政治《せいじ》のありかたに反対《はんたい》したことや、宗教上《しゅうきょうじょう》の理由《りゆう》などから、命《いのち》をねらわれ、自分《じぶん》の国《くに》でくらしつづけることがむずかしくなってしまった人《ひと》たちもいるのです。

身《み》の危険《きけん》が目《め》の前《まえ》にせまっている人《ひと》は、「なるべくはやく、遠《とお》くへ」のがれようとすることがあります。手《て》もとにパスポートがある人《ひと》もいれば、支援者《しえんしゃ》たちに助《たす》けられながら、命《いのち》がけで自分《じぶん》の国《くに》の政府機関《せいふきかん》に行《い》き、なんとかパスポートだけはもらえたという人《ひと》もいます。それをもとに、いろいろな国《くに》の機関《きかん》に「入国《にゅうこく》させてください」と申請《しんせい》し、たまたま観光《かんこう》ビザなどがとれた国《くに》へとやってくることもあります。

パスポートを手《て》に入《い》れることもむずかしい場合《ばあい》は、「ブローカー」とよばれるやみの仲介《ちゅうかい》業者《ぎょうしゃ》にお金《かね》をはらって、偽《にせ》のパスポートをつくり、たまたまその業者《ぎょうしゃ》が指定《してい》した、なじみのない国《くに》にわたってくることもあります。

「難民条約《なんみんじょうやく》」では、避難《ひなん》しようとした人《ひと》が、偽《にせ》のパスポートをつくったり、正式《せいしき》な手段《しゅだん》ではない方法《ほうほう》で入国《にゅうこく》したとしても、それを理由《りゆう》に罰《ばっ》したり、帰国《きこく》させたりしてはいけない、と定《さだ》めています。方法《ほうほう》はどうあれ、まず命《いのち》を守《まも》ることを優先《ゆうせん》しなければならないからです。

「飛行機《ひこうき》に乗《の》ってこれる人《ひと》は難民《なんみん》ではない」という声《こえ》をときおり耳《みみ》にしますが、飛行機代《ひこうきだい》

を用意《ようい》できるかどうか、つまりお金《かね》があるかどうかということと、難民《なんみん》かどうかは、まったく関係《かんけい》がありません。

たとえば、日本《にほん》とおなじく、紛争地《ふんそうち》などから遠《とお》く、海《うみ》でへだてられているカナダは、毎年《まいとし》のように多《おお》くの難民《なんみん》を受《う》け入《い》れています。２０２１年《ねん》の難民受《なんみんう》け入《い》れ人数《にんずう》は３万《まん》３８０１人《にん》にものぼります。

Q20 避難《ひなん》してきた人《ひと》たちは、日本《にほん》でどんなことに困《こま》っているの？

A20 まずことばの問題《もんだい》がある。仕事《しごと》さがしもむずかしいよ

難民《なんみん》としてみとめられなければ、多《おお》くの場合《ばあい》、日本《にほん》でくらすための在留資格《ざいりゅうしかく》をえることができません。「日本《にほん》から出《で》ていくように」といわれてしまうのです。

また、公的《こうてき》な日本語教育《にほんごきょういく》の支援《しえん》を受《う》けることもできません。ことばができなければ、生活《せいかつ》に必要《ひつよう》な情報《じょうほう》を手《て》に入《い》れたり、近所《きんじょ》の人《ひと》と話《はな》したり、だれかに助《たす》けをもとめたりすることもむずかしくなり、おとなも子《こ》どもも、社会《しゃかい》からどんどん、孤立《こりつ》してしまいます。

そもそも難民申請《なんみんしんせい》の結果《けっか》が出《で》るまで、何年《なんねん》も待《ま》たなければならないことがあります。ところが、働《はたら》く許可《きょか》が得《え》られている場合《ばあい》であっても、仕事《しごと》をさがすための公的《こうてき》な支援《しえん》はありません。家賃《やちん》など生活《せいかつ》するためのお金《かね》を支給《しきゅう》する「保護費《ほごひ》」のしくみもありますが、審査《しんさ》に何《なん》か月《げつ》も時間《じかん》がかかったりするうえに、ごく一部《いちぶ》の人《ひと》をのぞいて受《う》け取《と》ることができません。

また、日本《にほん》に避難《ひなん》してきたあとに、子《こ》どもが生《う》まれたとします。ところが日本《にほん》のいまの制度《せいど》では、「日本《にほん》で生《う》まれた」というだけでは、日本国籍《にほんこくせき》をえることはできません。けれど

もその人《ひと》たちが、国籍国《こくせきこく》の政府《せいふ》から命《いのち》をねらわれている状況《じょうきょう》であれば、その国《くに》の政府機関《せいふきかん》に「子《こ》どもが生《う》まれました」と届《とど》け出《で》ることもむずかしいことがあります。その場合《ばあい》、どの国《くに》にも国籍《こくせき》のない、「無国籍状態《むこくせきじょうたい》」になってしまいます。

Q21 仕事《しごと》をしたいから難民申請《なんみんしんせい》している人《ひと》もいるの？

A21 むかしはそういうこともあったけれど、いまはすくなくなったよ

かつては、難民申請《なんみんしんせい》をしてから6か月《げつ》がすぎた人《ひと》たちに、仕事《しごと》ができる資格《しかく》があたえられていたため、日本《にほん》で働《はたら》くことを目的《もくてき》に難民申請《なんみんしんせい》をしていた人《ひと》がたしかにいました。けれどもその後《ご》、制度《せいど》の運用《うんよう》が変《か》わり、難民申請《なんみんしんせい》をくりかえしている人などは労働許可《ろうどうきょか》がえられないことになったので、そういう人《ひと》はほとんどいなくなりました。

日本《にほん》は少子高齢化《しょうしこうれいか》が進《すす》み、人手《ひとで》が足《た》りない仕事《しごと》にどんどん外国人労働者《がいこくじんろうどうしゃ》を受《う》け入《い》れています。そうしたなかで「もっと安定《あんてい》したかたちで日本《にほん》に住《す》みつづけたい」、「家族《かぞく》をよびよせたい」と思《おも》う人《ひと》がいるのは、生活《せいかつ》が長《なが》くなればごく自然《しぜん》なことです。けれどもそのための制度《せいど》は、十分《じゅうぶん》ではありません。だからこそ働《はたら》きつづけようとする人《ひと》たちが、「難民認定《なんみんにんてい》の

制度《せいど》をたよって、日本《にほん》で今後《こんご》もくらせる道《みち》をさぐろう」としたことがありました。

ここで大切《たいせつ》なのは、「難民申請《なんみんしんせい》の制度《せいど》を、ほんとうの目的《もくてき》ではないかたちでつかっている人《ひと》がいる」とたんに批判《ひはん》することではなく、外国《がいこく》からきて働《はたら》く人《ひと》たちが生活《せいかつ》を安心《あんしん》してつづけられる環境《かんきょう》をどのようにととのえられるか、ということです。

Q22 どうして日本《にほん》はクルド人《じん》を難民《なんみん》として受《う》け入《い》れないの？

A22 トルコとのつながりを優先《ゆうせん》しているから、という説《せつ》もあるよ

いまのトルコでは、クルド人《じん》の政党《せいとう》があったり、クルド人《じん》の国会議員《こっかいぎいん》がいたり、かたちのうえでは、クルド人《じん》に対《たい》する差別《さべつ》は解消《かいしょう》されたかのように見《み》えます。けれども2015年《ねん》には、トルコ南東部《なんとうぶ》のシズレという街《まち》で、トルコ軍《ぐん》が多《おお》くのクルド市民《しみん》を殺害《さつがい》する事件《じけん》が起《お》きています。政府《せいふ》を批判《ひはん》しようとした記者《きしゃ》たちが逮捕《たいほ》されることもあります。

こうした状況《じょうきょう》だからこそ、欧米《おうべい》では多《おお》くのクルド難民《なんみん》が受《う》け入《い》れられてきました。UNHCR《ユーエヌエイチシーアール》による2019年《ねん》の統計《とうけい》によると、トルコ出身者《しゅっしんしゃ》の難民認定数《なんみんにんていすう》はカナダが2012人《にん》、アメリカで1400人《にん》、イギリスが761人《にん》、となっています。

一方《いっぽう》、日本《にほん》でトルコ国籍《こくせき》のクルド人《じん》が難民認定《なんみんにんてい》されたケースは、ごく最近《さいきん》までゼロでした。２０２２年《ねん》に裁判《さいばん》で勝《か》ったクルド人男性《じんだんせい》が、ようやくひとり、難民認定《なんみんにんてい》を受《う》けましたが、そのたったひとりをのぞき、日本《にほん》ではだれも難民《なんみん》としてみとめられていません。

日本《にほん》だけなぜ、トルコから避難《ひなん》してきたクルド人《じん》を受《う》け入《い》れないのでしょうか。

アハメットさんがトルコに送還《そうかん》された翌日《よくじつ》の新聞《しんぶん》では、トルコの海底《かいてい》トンネル建設《けんせつ》に、日本政府《にほんせいふ》が多額《たがく》の援助《えんじょ》をすることが伝《つた》えられていました。経済《けいざい》的《てき》なつながりの強《つよ》い両国《りょうこく》のあいだでは、「国《くに》の安全《あんぜん》をおびやかすような〝危険《きけん》な人《ひと》たち〟を、力《ちから》を合《あ》わせて取《と》りしまろう」という協力《きょうりょく》もおこなわれています。

トルコ政府《せいふ》はこれまでも「自分《じぶん》たちはクルド人《じん》を差別《さべつ》はしていない、〝危険《きけん》な人《ひと》たち〟を取《と》りしまって

トルコ出身者《しゅっしんしゃ》の難民認定数《なんみんにんていすう》（2019年《ねん》）

国《くに》	難民認定数《なんみんにんていすう》（人《にん》）
カナダ	2,012
アメリカ	1,400
イギリス	761
日本	0

出典：UNHCR Refugee Data Finder

いるだけだ」と主張《しゅちょう》してきました。かりに日本《にほん》がクルド人《じん》を「この人《ひと》はトルコで危険《きけん》な目《め》にあっている」と難民認定《なんみんにんてい》した場合《ばあい》、それはトルコ政府《せいふ》がクルド人《じん》の人権《じんけん》を守《まも》っていないということを、日本政府《にほんせいふ》がみとめたことになります。トルコ側《がわ》が「わたしたちの国《くに》はクルド人《じん》を迫害《はくがい》などしていない」と反発《はんぱつ》してくるかもしれません。

日本政府《にほんせいふ》は、避難《ひなん》してきた人《ひと》の命《いのち》を守《まも》るより、トルコとのつながりを守《まも》ろうとしている、だから難民《なんみん》を受《う》け入《い》れようとしていないのでは、と指摘《してき》する専門家《せんもんか》もいます。

Q23 日本《にほん》で難民《なんみん》としてみとめられないなら、ほかの国《くに》に行《い》けばいいのでは？

A23 最初《さいしょ》に難民申請《なんみんしんせい》を受《う》けた国《くに》がその人《ひと》の声《こえ》をきき、保護《ほご》する責任《せきにん》があるよ

みなさんはアハメットさんのお話《はなし》をきいて、どんなことを感《かん》じましたか？

「ニュージーランドでくらせてよかった」と思《おも》うかもしれません。たしかにアハメットさんたちは、安定《あんてい》した生活《せいかつ》を手《て》にすることができました。けれども本来《ほんらい》、あじわう必要《ひつよう》がなかった危険《きけん》や苦《くる》しみも強《し》いられました。もっとはやく難民《なんみん》として保護《ほご》されていれば、よりはやく人生《じんせい》の再《さい》スタートを切《き》れたはずです。

アハメットさんたちの場合《ばあい》は、すくなくともUNHCR《ユーエヌエイチシーアール》が難民《なんみん》としてみとめていました（このようにUNHCR《ユーエヌエイチシーアール》に難民《なんみん》としてみとめられた人《ひと》びとを「マンデート難民《なんみん》」とよびます）。そのため、国籍国《こくせきこく》とはちがう国《くに》（アハメットさんの場合《ばあい》は、トルコではなく日本《にほん》）にいる人《ひと》でも、難民《なんみん》として受《う》け入《い》れるしくみをもつニュージーランドとアハメットさん家族《かぞく》を、UNHCR《ユーエヌエイチシーアール》がつないでくれました。しかし、こうしたサポートを受《う》けられるのは、難民申請《なんみんしんせい》をしたなかでもごく一部《いちぶ》の人《ひと》だけです。

そして、はっきりした理由《りゆう》はわかりませんが、アハメットさんの送還《そうかん》以来《いらい》、UNHCR《ユーエヌエイチシーアール》は日本《にほん》にいる人《ひと》びとを、「マンデート難民《なんみん》」とみとめなくなりました。

また、UNHCR《ユーエヌエイチシーアール》に難民《なんみん》としてみとめられていない人《ひと》たちが、日本《にほん》からほかの国《くに》に移動《いどう》するためには、国籍国《こくせきこく》のパスポートをつくる必要《ひつよう》があります。けれども、その国《くに》の政府《せいふ》から命《いのち》をねらわれていたり、危害《きがい》をくわえられたりするおそれのある人《ひと》たちが、国籍国《こくせきこく》の大使館《たいしかん》などに行《い》って「パスポートをください」と申請《しんせい》することはむずかしい状況《じょうきょう》です。

だからこそ、難民申請《なんみんしんせい》を最初《さいしょ》に受《う》けた国《くに》が、しっかりとひとりひとりの声《こえ》をきき、保護《ほご》し、その人《ひと》たちが社会《しゃかい》になじめるように、ささえていく必要《ひつよう》があるのです。

04

外国人《がいこくじん》の「管理《かんり》」「監視《かんし》」は いつからはじまったの？

石《そく》日《いる》分《ぶん》さんのお話《はなし》

多様《たよう》な人《ひと》びとがくらす桜本《さくらもと》のハルモニたち

「ほら、白菜《はくさい》の葉《は》っぱの裏《うら》にもたくさんヤンニョムをぬってごらん」

「わたし、キムチ大好《だいす》きで、家《いえ》でいつも食《た》べてるよ！」

神奈川県川崎市内《かながわけんかわさきしない》の小学校《しょうがっこう》の調理室《ちょうりしつ》から、なにやらにぎやかな声《こえ》がきこえてきます。

「ヤンニョム」とは、とうがらしやニンニクなどをまぜあわせた調味料《ちょうみりょう》です。

この日《ひ》、川崎区桜本《かわさきくさくらもと》にある小学校《しょうがっこう》の6年生《ねんせい》が、朝鮮《ちょうせん》の料理《りょうり》のひとつ、キムチ漬《づ》けを体験《たいけん》していました。エプロンすがたの子《こ》どもたちが、大《おお》きな白菜《はくさい》の葉《は》と葉《は》のあいだに、真《ま》っ赤《か》なヤンニョムをたっぷり練《ね》りこんでいきます。

その「先生《せんせい》」としてアドバイスをしているのは、在日《ざいにち》コリアンのハルモニ（朝鮮語《ちょうせんご》でおばあさんの意味《いみ》）たちです。

在日《ざいにち》コリアンはおもに、日本《にほん》が太平洋戦争《たいへいようせんそう》に負《ま》ける前《まえ》に、日本《にほん》でくらしはじめたり、戦後《せんご》のさまざまな混乱《こんらん》のなかで日本《にほん》にわたってきた朝鮮半島出身《ちょうせんはんとうしゅっしん》の人《ひと》びと、またはその子孫《しそん》のことです。

「はやく食《た》べたいと思《おも》うでしょ？　でも一日寝《いちにちね》かせたらもっとおいしくなるよ」と、ハルモニたちは子《こ》どもたちにやさしく語《かた》りかけます。

ハルモニたちは日《ひ》ごろ、地域《ちいき》から差別《さべつ》をなくすためにつくられた川崎市《かわさきし》の公共施設《こうきょうしせつ》「ふれあい館《かん》」に集《あつ》まって、作文《さくぶん》をかいたり、歌《うた》を歌《うた》ったり、ダンスをしたり、人形劇《にんぎょうげき》に挑戦《ちょうせん》したり、さまざまな活動《かつどう》をしています。

何十年《なんじゅうねん》も前《まえ》からくらす在日《ざいにち》コリアンや、中南米《ちゅうなんべい》、東南《とうなん》アジアなどにルーツをもつ人《ひと》びとなど、多様《たよう》な人《ひと》たちが生活《せいかつ》する桜本《さくらもと》で、「ふれあい館《かん》」は、遊《あそ》びに行《い》ったり、いっしょに勉強《べんきょう》をしたり、こまりごとを相談《そうだん》したりする大切《たいせつ》な場所《ばしょ》です。保護者《ほごしゃ》につれられてやってくる０歳《さい》の赤《あか》ちゃんから、１００歳近《さいちか》い高齢者《こうれいしゃ》までが利用《りよう》しています。

ハルモニたちのキムチづくりの授業《じゅぎょう》は２００９年《ねん》からおこなわれています。新型《しんがた》コロナウイルスの影響《えいきょう》で、３年間中断《ねんかんちゅうだん》していましたが、２０２３年《ねん》、ようやく再開《さいかい》にこぎつけることができました。「桃《もも》をすりつぶして入《い》れると甘《あま》みが増《ま》すのよ」など、白菜《はくさい》にぬるヤンニョムには、ハルモニたちの知恵《ちえ》がいっぱいに詰《つ》まっています。

大《おお》よろこびでキムチづくりにはげむ子《こ》どもたちを見《み》ながら、92歳《さい》になる石日分《そくいるぶん》さんは目《め》を細《ほそ》めます。

「むかしはね、〝朝鮮人《ちょうせんじん》、キムチくさい〟って言《い》われて、すっごくはずかしかったのよ。でもいまの時代《じだい》、子《こ》どもたちがこうしてよろこんでくれるし、テレビをつけたら〝キムチはからだ

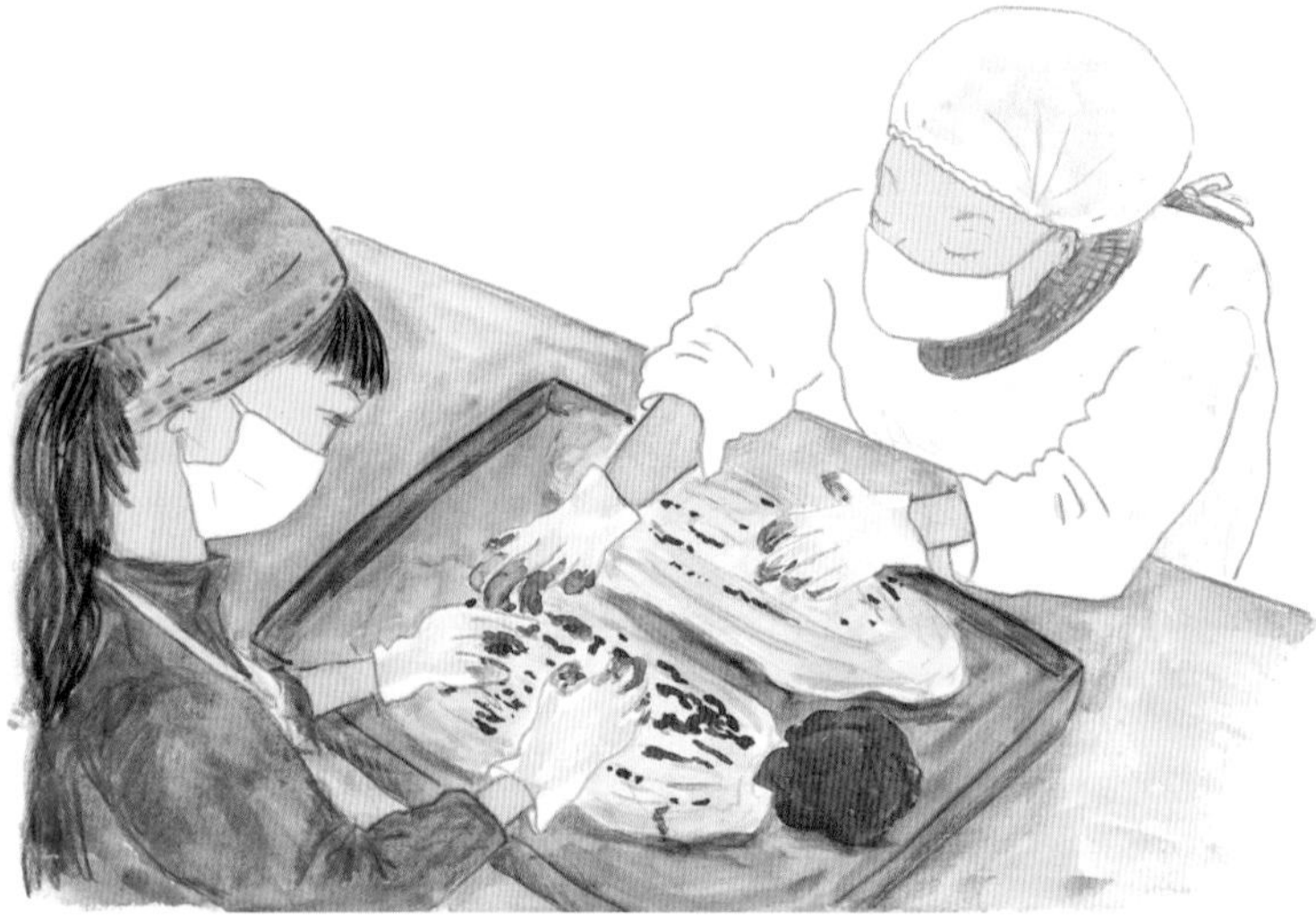

にいい〟なんて番組《ばんぐみ》がやっていたり、びっくりするのよ」

時代《じだい》は変《か》わったのね、と日分《いるぶん》さんはほがらかに笑《わら》います。

日分《いるぶん》さんが生《い》きてきたのはどんな「時代《じだい》」だったのでしょう？

じつは在日《ざいにち》コリアンとして生《い》きてきた人《ひと》びとの道《みち》のりからは、日本《にほん》の「出入国管理《しゅつにゅうこくかんり》」の歴《れき》史《し》が見《み》えてきます。第《だい》1章《しょう》のリアナさんの家族《かぞく》、第《だい》2章《しょう》のウィシュマさん、第《だい》3章《しょう》のアハメットさんが経験《けいけん》してきた、「収容《しゅうよう》」、「送還《そうかん》」といった政策《せいさく》は、戦後《せんご》、日分《いるぶん》さんのような在日《ざいにち》コリアンを「外国人《がいこくじん》」と見《み》なしてはじまりました。

「キムチくさい」と言《い》われつづけた子《こ》ども時代《じだい》

１９１０年《ねん》から、朝鮮半島《ちょうせんはんとう》は日本《にほん》の植民地《しょくみんち》（政治《せいじ》・経済的《けいざいてき》に他国《たこく》に支配《しはい》されている地域《ちいき》）とされていました。朝鮮半島出身《ちょうせんはんとうしゅっしん》の人《ひと》びとも、かたちのうえでは「日本人《にほんじん》」としてあつかわれていましたが、戸籍《こせき》などで「区別《くべつ》」されていました。その支配《しはい》のなかで、土地《とち》をうしない、生活《せいかつ》が苦《くる》しくなるなどの理由《りゆう》で、やむなくふるさとをはなれ、日本《にほん》へと海をこえた人《ひと》たちがいました。そのなかに、日分《いるぶん》さんの両親《りょうしん》もいたのです。

九州《きゅうしゅう》にわたり、土木工事《どぼくこうじ》の労働者《ろうどうしゃ》たちをまとめる仕事《しごと》をはじめたお父《とう》さんのもとには、おなじ出身地《しゅっしんち》などからひとり、またひとりと朝鮮《ちょうせん》の人《ひと》たちが集《あつ》まってきました。両親《りょうしん》は日本語《にほんご》の読《よ》み書《か》きができませんでしたが、なんとか知識《ちしき》のある人《ひと》に助《たす》けられ、生活《せいかつ》をやりくりしていました。

日分《いるぶん》さんは1931年《ねん》、現在《げんざい》の長崎県諫早市《ながさきけんいさはやし》に生《う》まれましたが、お父《とう》さんの仕事《しごと》の関係《かんけい》で、ひとつの工事《こうじ》がおわるたび、各地《かくち》を転々《てんてん》としていました。

日分《いるぶん》さんが小《ちい》さいころに住《す》んでいたのは、「飯場《はんば》」とよばれる労働者《ろうどうしゃ》たちの生活《せいかつ》の場《ば》です。バラックの長屋《ながや》（ありあわせの材料《ざいりょう》でつくった集合住宅《しゅうごうじゅうたく》）に30人《にん》ほどがくらし、日分《いるぶん》さんたちの部屋《へや》は家族《かぞく》で蚊帳《かや》（蚊《か》などから人《ひと》を守《まも》る網《あみ》）を張《は》ると、身動《みうご》きが取《と》れないほどぎゅうぎゅうでした。

当時《とうじ》、日本《にほん》はすでに中国《ちゅうごく》に攻《せ》めこんで戦争《せんそう》をしかけていましたが、アメリカなど、世界《せかい》の国《くに》ぐにを「敵《てき》」にまわしてのはげしい大戦《たいせん》がはじまる前《まえ》でした。そのころにはまだ、お米《こめ》も手《て》に入《はい》ったため、小《ちい》さな子《こ》どもがすっぽり入《はい》ってしまいそうなほど大《おお》きな釜《かま》でご飯《はん》を炊《た》き、キムチや野菜《やさい》の入《はい》ったスープといっしょに、みなでわいわいと食《た》べていました。夜《よる》になるとときおり、仕事《しごと》から帰《かえ》ってきたおとなたちが、朝鮮《ちょうせん》の民謡《みんよう》を歌《うた》い、ふるさとをなつかしんでいました。

当時《とうじ》の飯場《はんば》には水道《すいどう》が引《ひ》かれていなかったので、日分《いるぶん》さんは山《やま》の水《みず》をバケツにくんで運《はこ》んだり、下《した》のきょうだいたちをおぶって子守《こもり》したりしながら、いそがしくすごしていました。

日本《にほん》は植民地《しょくみんち》として支配《しはい》した朝鮮半島《ちょうせんはんとう》の人《ひと》びとにも、「日本語《にほんご》で話《はな》すように」、「日本《にほん》の名前《なまえ》をつかうように」と、日本人《にほんじん》とおなじふるまいをすることを強《し》いていました。そのため日分《いるぶん》さんは、「石原桃子《いしはらももこ》」という名前《なまえ》で小学校《しょうがっこう》にかよっていました。

朝鮮《ちょうせん》の子《こ》どもは、クラスに5、6人《にん》ほどいましたが、日本《にほん》に来《き》たばかりで、日本語《にほんご》があまりうまくつかえない子《こ》どもたちは、まっさきにいじめの標的《ひょうてき》になっていきました。

「へんなことば！　日本語《にほんご》ちゃんとしゃべれないのか？」

「朝鮮人《ちょうせんじん》、きたないな！」

「キムチくさい、ニンニクくさいぞ！」

冬《ふゆ》になると、学校《がっこう》にある薪《まき》ストーブの上《うえ》に、アルミでできたお弁当箱《べんとうばこ》を乗《の》せてあたためます。すると日分《いるぶん》さんや朝鮮《ちょうせん》の子《こ》どもたちがもってくるお弁当《べんとう》からは、キムチのにおいが教室《きょうしつ》中《じゅう》に広《ひろ》がり、子《こ》どもたちがまた、「くさい、くさい」といやがるのです。日分《いるぶん》さんははずかしくてたまらなくなり、自分《じぶん》のお弁当《べんとう》をかくすように食《た》べていました。

「わたしもほかの子《こ》たちが食《た》べている、梅干《うめぼ》しの乗《の》ったごはんがいいなあ。でもうちに、梅《うめ》干《ぼ》しなんてないし、どこで買《か》えるのかもわからないし……」

そんな気《き》もちはお母《かあ》さんにも、打《う》ち明《あ》けられませんでした。

足《あし》がはやかった日分《いるぶん》さんは、あるとき、リレーの選手《せんしゅ》に選《えら》ばれます。すると、選《えら》ばれなかったクラスメイトの姉《あね》たちが日分《いるぶん》さんを取《と》りかこみ、「朝鮮人《ちょうせんじん》のくせに生意気《なまいき》」と日分《いるぶん》さんをけとばしました。

「朝鮮人《ちょうせんじん》は日本人《にほんじん》よりおとっているのかな……」

日分《いるぶん》さんはしだいにそう思《おも》いこみ、劣等感《れっとうかん》をいだくようになります。背《せ》が高《たか》かったこともあり、いつしか教室《きょうしつ》では、「うしろの席《せき》で、目立《めだ》たないように」とひっそりすごすようになりました。

母《はは》のふるさとに帰《かえ》ろうとしたものの……

やがて日分《いるぶん》さんは、仕事《しごと》で転々《てんてん》とするお父《とう》さんとはなれ、お母《かあ》さんと下《した》のきょうだいといっしょに北九州《きたきゅうしゅう》でくらしはじめました。それまで両親《りょうしん》の読《よ》み書《か》きを手伝《てつだ》ってくれていた人《ひと》も近《ちか》くにいないので、保護者《ほごしゃ》が記入《きにゅう》して学校《がっこう》に出《だ》さなければならない書類《しょるい》を、小学生《しょうがくせい》の日分《いるぶん》さんがかくようになります。

日分《いるぶん》さんはほんとうは、小学校《しょうがっこう》を卒業後《そつぎょうご》、もっと勉強《べんきょう》したいと思《おも》っていました。けれども、下《した》に5人《にん》もきょうだいがいたため、「進学《しんがく》したい」と親《おや》に言《い》うことはついにできませんでした。

そのころ、いよいよ戦争《せんそう》がはげしくなっていました。

遠《とお》くの街《まち》では空襲《くうしゅう》がつづくようになり、爆撃機《ばくげきき》から落《お》とされるいくつもの爆弾《ばくだん》が、キラキラと空《そら》をまう銀紙《ぎんがみ》のように光《ひか》っているのが、日分《いるぶん》さんのくらしている場所《ばしょ》からも見《み》えました。「いつ自分《じぶん》たちの上《うえ》に爆弾《ばくだん》が落《お》とされるかわからない」と、日分《いるぶん》さんたちも防空《ぼうくう》ごうを掘《ほ》ったり避難《ひなん》したりをくりかえしていました。

その当時《とうじ》のささやかな楽《たの》しみといえば、すこしはなれた銭湯《せんとう》に行《い》き、お母《かあ》さんやきょうだいたちと手《て》をつないで、歌《うた》を歌《うた》いながら帰《かえ》ることでした。あしたも無事《ぶじ》にすごせるように、とね

の湯

がいながら――。
1945年《ねん》8月《がつ》、日本《にほん》は戦争《せんそう》に敗《やぶ》れ、朝鮮半島《ちょうせんはんとう》での日本《にほん》の支配《しはい》もおわりをむかえました。戦時中《せんじちゅう》は多《おお》くの朝鮮《ちょうせん》の人《ひと》たちが「日本兵《にほんへい》」として戦争《せんそう》にかり出《だ》されたり、ダムや飛行場《ひこうじょう》の建設《けんせつ》など、きびしい労働現場《ろうどうげんば》に連《つ》れていかれたりしていました。炭鉱《たんこう》でぼろぼろになりながら働《はたら》いていた人《ひと》たちが、ふるさとにもどるため、つかれたようすで日分《いるぶん》さんの家《いえ》の前《まえ》を歩《ある》き、港《みなと》へとむかっていきます。

日分《いるぶん》さんのお母《かあ》さんも子《こ》どもたちをつれ、朝鮮半島《ちょうせんはんとう》にもどろうとしました。そのころの日本《にほん》には、200万人《まんにん》もの朝鮮《ちょうせん》の人《ひと》たちがくらしていたとされています。朝鮮半島《ちょうせんはんとう》に近《ちか》い山口県《やまぐちけん》下関港《しものせきこう》は、ふるさとに帰《かえ》ろうとする人《ひと》びとでごったがえしていました。海《うみ》をわたろうとする人《ひと》たちは、倉庫《そうこ》のようなところにぎゅうぎゅうに押《お》しこめられていきます。そこにも入《はい》りきらず、外《そと》で簡易《かんい》なテントをはって、自分《じぶん》たちが乗《の》れる船《ふね》を待《ま》つ人《ひと》たちがあとをたちませんでした。

ところがやがて、不気味《ぶきみ》なうわさが飛《と》びかうようになります。

「海《うみ》のなかにはまだ、機雷《きらい》（水中《すいちゅう》にしかける爆弾《ばくだん》の一種《いっしゅ》）が残《のこ》っていて爆発《ばくはつ》するかもしれない」

「朝鮮《ちょうせん》に帰《かえ》る船《ふね》がしずんでしまって、たくさんの人《ひと》が死《し》んでしまったらしい」

「朝鮮《ちょうせん》ではどうやら、深刻《しんこく》な病気《びょうき》がはやっているようだ」

そのうえ、日本《にほん》を出《で》ようとする人《ひと》たちには、「多《おお》くの財産《ざいさん》を持《も》っていってはいけない」という制限《せいげん》までかけられていました。「このまま朝鮮《ちょうせん》にもどっても、生活《せいかつ》ができないかもしれない。そもそも安全《あんぜん》に海《うみ》を越《こ》えられるかもわからないし……」。

日分《いるぶん》さんはやむなく、お母《かあ》さんやきょうだいたちといっしょに倉庫《そうこ》から脱出《だっしゅつ》すると、空襲《くうしゅう》でなにもなくなった焼《や》け野原《のはら》に、掘《ほ》っ立《た》て小屋《ごや》をつくって生活《せいかつ》をすることになりました。

一方的《いっぽうてき》に「日本人《にほんじん》」「外国人《がいこくじん》」にされた在日《ざいにち》コリアンたち

その当時《とうじ》、朝鮮半島《ちょうせんはんとう》もたいへんな状況《じょうきょう》に見《み》まわれていました。アメリカやソ連《れん》（いまのロシアなど）の思惑《おもわく》で、南《みなみ》と北《きた》、ふたつの国《くに》に分断《ぶんだん》されてしまったのです。そして１９５０年《ねん》６月《がつ》、南北《なんぼく》のおなじ民族《みんぞく》どうしが武器《ぶき》をむけあう朝鮮戦争《ちょうせんせんそう》が起《お》きます。１９５３年《ねん》に休戦《きゅうせん》をむかえたあとも、南側《みなみがわ》の大韓民国《だいかんみんこく》（韓国《かんこく》）では軍《ぐん》が権力《けんりょく》を独占《どくせん》していました。それに反対《はんたい》する人《ひと》たちは、北側《きたがわ》の朝鮮民主主義人民共和国《ちょうせんみんしゅしゅぎじんみんきょうわこく》の「スパイ」と見《み》なされ、逮捕《たいほ》されて拷問《ごうもん》を受《う》けたり、地域《ちいき》によっては多《おお》くの人《ひと》が殺害《さつがい》されたりしていました。

一度《いちど》日本《にほん》から朝鮮半島《ちょうせんはんとう》に帰《かえ》った多《おお》くの人《ひと》たちも、命《いのち》の危険《きけん》がせまり、「とてもここでは安全《あんぜん》にくらせない」と日本《にほん》にもどろうとしました。ところが、植民地支配下《しょくみんちしはいか》で「日本人《にほんじん》」にされ、「日本語《にほんご》をつかいなさい」、「朝鮮《ちょうせん》の名前《なまえ》ではなく日本《にほん》の名前《なまえ》を名《な》のりなさい」と言《い》われてきた朝鮮半島出身《ちょうせんはんとうしゅっしん》の人《ひと》びとは、日本《にほん》が戦争《せんそう》に負《ま》けたあと、こんどは一方的《いっぽうてき》に「あなたたちは日本《にほん》人《じん》ではない、外国人《がいこくじん》だ」と見《み》なされてしまったのです。

つまり、そのときから「外国人《がいこくじん》」として、日本《にほん》に自由《じゆう》に出入《でい》りすることはできなくなり、むしろ出入国《しゅつにゅうこく》で取《と》りしまりの対象《たいしょう》となってしまったのです。命《いのち》の危険《きけん》からのがれてきても、そうした人《ひと》たちを保護《ほご》する制度《せいど》もありません。こっそり日本《にほん》にわたってきたことが見《み》つかれば、日本《にほん》から追《お》い出《だ》されることになります。

こうして戦後《せんご》、おもに朝鮮半島《ちょうせんはんとう》ルーツの人《ひと》びとを想定《そうてい》した「外国人《がいこくじん》」の出入国《しゅつにゅうこく》を「管理《かんり》」し、場合《ばあい》によっては韓国《かんこく》に送《おく》りかえすため、施設《しせつ》に収容《しゅうよう》することを担《にな》っていた政府機関《せいふきかん》が、現在《げんざい》の出入国在留管理庁《しゅつにゅうこくざいりゅうかんりちょう》、つまり入管《にゅうかん》です。

日分《いるぶん》さんがのちに結婚《けっこん》することになる男性《だんせい》は、韓国《かんこく》で軍《ぐん》が政治《せいじ》をおこない、抗議《こうぎ》する人《ひと》を暴力《ぼうりょく》でだまらせようとすることに反対《はんたい》していました。「このままでは自分《じぶん》も警察《けいさつ》につかまって、殺《ころ》されてしまうかもしれない」と、一度《いちど》、日本《にほん》に避難《ひなん》してきたものの、「外国人《がいこくじん》」として収容所《しゅうようじょ》（現在《げんざい》の入管収容施設《にゅうかんしゅうようしせつ》にあたる場所《ばしょ》）に入《い》れられ、韓国《かんこく》に送還《そうかん》されてしまいます。けれども韓国《かんこく》で安全《あんぜん》にくらせない状況《じょうきょう》は変《か》わりません。ふたたび、船《ふね》に乗《の》りこんで日本《にほん》にわたり、日分《いるぶん》さんと出会《であ》うことになります。

夫婦《ふうふ》で川崎《かわさき》に移《うつ》り住《す》み、日分《いるぶん》さんは喫茶店《きっさてん》での仕事《しごと》をこなしたりと、いそがしくすごしていました。そして40歳《さい》をすぎてから、子《こ》どもを産《う》みます。

ところがすでに、朝鮮半島出身《ちょうせんはんとうしゅっしん》の人《ひと》びとは、日本国籍《にほんこくせき》の「日本国民《にほんこくみん》」ではありません。この時代《じだい》の外国人《がいこくじん》は、健康保険《けんこうほけん》に入《はい》ることができず、病院《びょういん》にかかれば、ときに高額《こうがく》な医療費《いりょうひ》の支《し》払《はら》いをしなければなりませんでした。日本政府《にほんせいふ》は、植民地時代《しょくみんちじだい》に「日本人《にほんじん》」になることを強《し》いられた人《ひと》たちのその後《ご》の生活《せいかつ》を守《まも》るのではなく、むしろ社会保障《しゃかいほしょう》からはじき出《だ》してきたのです。

多《おお》くの朝鮮《ちょうせん》の女性《じょせい》たちがそうであったように、日分《いるぶん》さんも一度《いちど》、母親《ははおや》たちのいる街《まち》にもどり、近所《きんじょ》の産婆《さんば》さん（むかしのいいかたで、助産師《じょさんし》の女性《じょせい》のこと）に手伝《てつだ》ってもらいながら、なんとか子《こ》どもを産《う》みました。

時《とき》がたち、日本《にほん》にくらす外国人《がいこくじん》にも、健康保険《けんこうほけん》の加入《かにゅう》が基本的《きほんてき》にみとめられるようになりました。ところがいまでも仮放免《かりほうめん》の人《ひと》たちをはじめ、その対象《たいしょう》からはずされ、安心《あんしん》して医療《いりょう》を受《う》けることがむずかしい人《ひと》たちがいます。

戦後《せんご》、一方的《いっぽうてき》に「外国人《がいこくじん》」とみなされ、日本《にほん》への出入《でい》りや滞在《たいざい》を「管理《かんり》」されてきた在日《ざいにち》コリアンへの政策《せいさく》が、いまの外国人《がいこくじん》に対《たい》する制度《せいど》に、そのまま受《う》けつがれてしまっています。

05

入管法《にゅうかんほう》のお話《はなし》

新《あたら》しい法律《ほうりつ》のなにが問題《もんだい》？

ほんとうに必要《ひつよう》なしくみとは？

2023年《ねん》6月《がつ》、入管法《にゅうかんほう》「改正《かいせい》」が決《き》まり、2024年《ねん》6月《がつ》までに、新《あたら》しい法律《ほうりつ》が導入《どうにゅう》されます（そのうちの一部《いちぶ》は2023年《ねん》12月《がつ》に導入《どうにゅう》されました）。これによって状況《じょうきょう》がどう変《か》わっていくのかを、3つのポイントにそって説明《せつめい》します。

ポイント① 「帰《かえ》れない人《ひと》」はこれからどうなるの？

みなさんにもすでにお伝《つた》えしたように、さまざまな事情《じじょう》で、国籍《こくせき》のある国《くに》に「帰《かえ》ることができない」人《ひと》もいます。その人《ひと》たちが「国《くに》に帰《かえ》ってください」という命令《めいれい》にしたがえない場合《ばあい》、「どうして帰《かえ》れないんだろう？」、「日本《にほん》でどんな生活《せいかつ》をしてきたんだろう？」ということをていねいに調《しら》べ、その人《ひと》の声《こえ》を直接《ちょくせつ》きき、場合《ばあい》によっては保護《ほご》したり、在留資格《ざいりゅうしかく》を与《あた》えたりすることが必要《ひつよう》なはずです。

ところが新《あたら》しい法律《ほうりつ》では、そもそも国籍国《こくせきこく》が受《う》け入《い》れをこばみ、「国《くに》に帰《かえ》ってください」という命令《めいれい》にしたがえない人《ひと》や、送還《そうかん》に抵抗《ていこう》しようとした人《ひと》を、刑務所《けいむしょ》に入《い》れてしまったり、20万円以下《まんえんいか》の罰金《ばっきん》をしはらうように命《めい》じたりする可能性《かのうせい》があります。けれども、これまでこの本《ほん》でみなさんにお伝《つた》えしてきた人《ひと》たちは、かんたんには帰国《きこく》できない人《ひと》たちばかりでした。「罰《ばつ》」の対象《たいしょう》としたところで、「帰《かえ》れない事情《じじょう》」が変《か》わるわけではありません。

ポイント② 収容《しゅうよう》された人《ひと》たちがこれから外《そと》に出《で》るにはどうしたらいいの？

「法改正《ほうかいせい》」によって新《あたら》しく「監理措置制度《かんりそちせいど》」ができます。第《だい》1章《しょう》で紹介《しょうかい》したリアナさんのお父《とう》さんが収容《しゅうよう》施設《しせつ》から出《で》てきた仮放免《かりほうめん》から、制度《せいど》が変《か》わるのです。

まず、入管《にゅうかん》が「監理人《かんりにん》」になる人《ひと》を選《えら》びます。その「監理人《かんりにん》」になった人《ひと》が、収容《しゅうよう》から解放《かいほう》された人《ひと》を監督《かんとく》し、住《す》む場所《ばしょ》を支援《しえん》し、入管《にゅうかん》の求《もと》めに応《おう》じて状況《じょうきょう》を報告《ほうこく》することになります。その報告《ほうこく》、届《とど》け出《で》をおこたると、「過料《かりょう》」とよばれるお金《かね》を支払《しはら》う罰則《ばっそく》を受《う》けることになります。そんな「監理人《かんりにん》」をみずからすすんで担《にな》おうとする人はいるでしょうか？

「監理人《かんりにん》」になる人《ひと》が見《み》つからなければ、収容《しゅうよう》されている人《ひと》たちは解放《かいほう》されません。「監理人《かんりにん》」が見《み》つかって、外《そと》に出《で》ることができたとしても、ごく一部《いちぶ》の人《ひと》以外《いがい》は働《はたら》くことはできず、仕事《しごと》をして生活費《せいかつひ》をかせぐこ

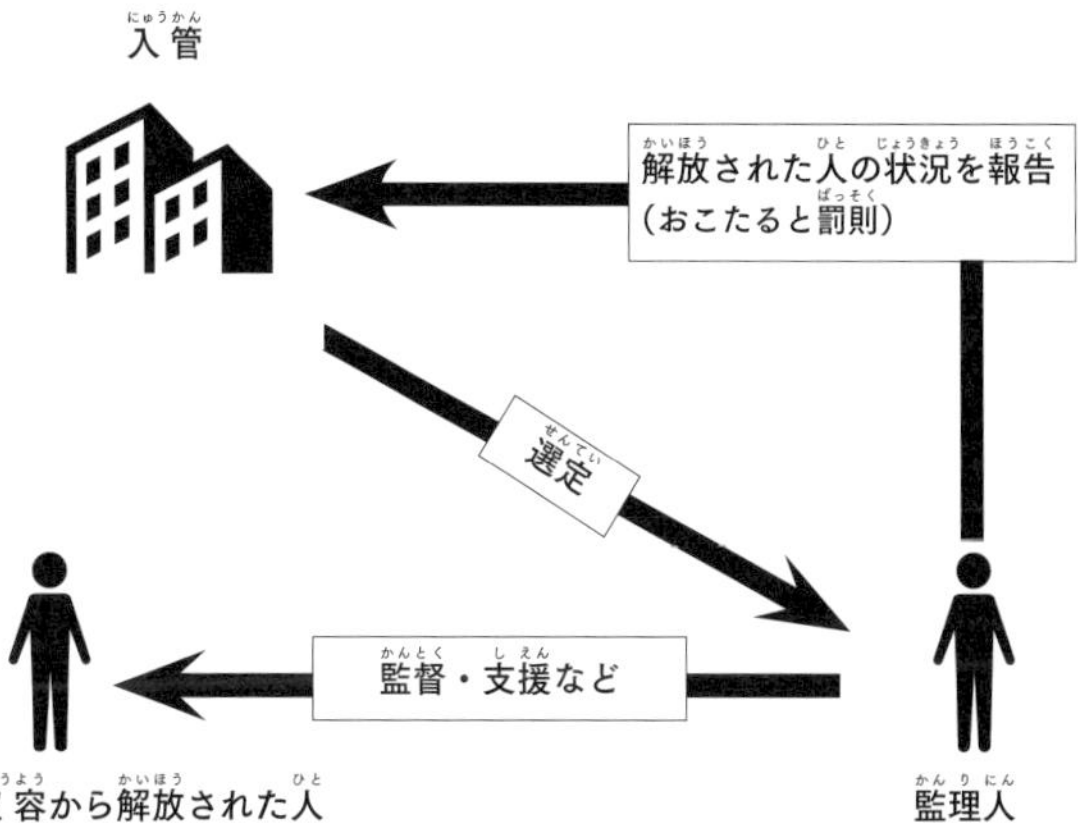

とができません。健康保険《けんこうほけん》にも入《はい》れないため、ちょっとしたかぜで病院《びょういん》にいくだけで、数万円《すうまんえん》かかることもあります。

こうして追《お》いつめられた人《ひと》たちは、どうすればいいのでしょうか？　たとえば、「おなかがすいちゃった」、「子《こ》どもを病院《びょういん》につれていきたい」と、こっそりどこかでアルバイトをしたとします。けれどもそれが知《し》られてしまった場合《ばあい》、犯罪《はんざい》と見《み》なされ、刑務所《けいむしょ》に送《おく》られてしまうかもしれません。

ポイント③　難民申請中《なんみんしんせいちゅう》の人《ひと》たちはどうなってしまうの？

すでにお話《はなし》してきたように、日本《にほん》はほとんど、難民《なんみん》を受《う》け入《い》れてきませんでした。UNHCR《ユーエヌエイチシーアール》から「あなたたちは難民《なんみん》です」とみとめられたアハメットさん（第《だい》3章《しょう》で紹介《しょうかい》）のことさえ、トルコに送《おく》りかえしてしまったのです。だからこそ命《いのち》の危険《きけん》からのがれてきた人《ひと》たちは、「もう一度審査《いちどしんさ》してほしい」となんども申請《しんせい》をしなければなりません。ちなみに2010年《ねん》～21年《ねん》のあいだに難民認定《なんみんにんてい》された377人《にん》のうち、7パーセントにあたる25人《にん》が、複数回《ふくすうかい》の申請《しんせい》をして、ようやく認定《にんてい》されています。

すくなくともこの「改正《かいせい》」までは、難民申請《なんみんしんせい》の審査結果《しんさけっか》を待《ま》っているあいだに、国《くに》に帰《かえ》されてしまうことはありませんでした。難民条約《なんみんじょうやく》でも、「危険《きけん》のある国《くに》に難民《なんみん》を送《おく》りかえしてはいけない」という、もっとも大切《たいせつ》な原則《げんそく》が定《さだ》められています。

ところが新《あたら》しい法律《ほうりつ》の場合《ばあい》、3回以上難民申請《かいいじょうなんみんしんせい》をしている人《ひと》たちは、審査《しんさ》を待《ま》っているあいだでも、強制的《きょうせいてき》に帰国《きこく》させることができるしくみになっています。多《おお》くの難民申請中《なんみんしんせいちゅう》の人《ひと》たちは、とくにこの制度《せいど》にふるえあがっています。

このままではほんとうに命《いのち》の危険《きけん》がある人《ひと》に対《たい》して、「あなたは難民《なんみん》ではない、もうなんども申請《しんせい》しているんだから帰《かえ》って」と「まちがった送還《そうかん》」をしてしまうかもしれません。送《おく》りかえされた人《ひと》は、警察《けいさつ》につかまったり、暴力《ぼうりょく》を受《う》けたり、それで命《いのち》がうばわれてしまうかもしれません。

つまりいま、この社会《しゃかい》でともに生《い》きるだれかを、「あなたたちは送還先《そうかんさき》で死《し》んでしまうかもしれないけれど、それでもかまわない。日本《にほん》には関係《かんけい》ない」と、つきなはそうとしているのです。

ほんとうはどんな法律《ほうりつ》が必要《ひつよう》なのか

第《だい》3章《しょう》でもお伝《つた》えしたように、日本《にほん》では、出入国《しゅつにゅうこく》を見《み》はってきた入管《にゅうかん》が、難民《なんみん》を保護《ほご》する、というまったくべつの役割《やくわり》もいっしょに担《にな》っています。そこを切《き》りわけ、「保護《ほご》する」ということを専門《せんもん》とする独立《どくりつ》した機関《きかん》が必要《ひつよう》とされます。

また、入管《にゅうかん》の収容施設《しゅうようしせつ》は、中《なか》でなにが起《お》きているのか、外《そと》からは見《み》えづらく、これまでも多《おお》くの人《ひと》が、第《だい》2章《しょう》のウィシュマさんのようになくなったり、暴力《ぼうりょく》をふるわれたりしてきました。何年《なんねん》もとじこめられ、いつ出《で》られるのかも、なぜ自分《じぶん》が収容《しゅうよう》されつづけているのかもわからない人《ひと》たちもいます。

いま、「収容《しゅうよう》する」、「解放《かいほう》する」ことを決定《けってい》しているのはすべて入管《にゅうかん》です。無期限《むきげん》に人《ひと》を収容《しゅうよう》できるこの制度《せいど》をやめ、すくなくとも「収容《しゅうよう》」、「解放《かいほう》」のどちらかの判断《はんだん》に裁判所《さいばんしょ》などがかかわり、「なぜその決定《けってい》になったのか」を収容《しゅうよう》されている本人《ほんにん》にしっかり知《し》らせるしくみがもとめられています。

けれどもそれだけでは、不十分《ふじゅうぶん》です。日本《にほん》の法律《ほうりつ》が、日本国籍以外《にほんこくせきいがい》の人《ひと》をしっかり、「生活《せいかつ》する人《ひと》」としてあつかうものになっていく必要《ひつよう》があります。

たとえば、1993年《ねん》につくられた「外国人技能実習制度《がいこくじんぎのうじっしゅうせいど》」というしくみがあります。この制度《せいど》は本来《ほんらい》、「外国人《がいこくじん》にさまざまな技術《ぎじゅつ》を日本《にほん》で学《まな》んでもらい、それを国《くに》にもち帰《かえ》ってもらおう」ということを目的《もくてき》にしていたはずでした。

ところがじっさいには、服《ふく》をつくる工場《こうじょう》や、農業《のうぎょう》、漁業《ぎょぎょう》の現場《げんば》など、人手《ひとで》が足《た》りないところに実習生《じっしゅうせい》たちが送《おく》りこまれ、とても低賃金《ていちんぎん》で働《はたら》かされることもあります。多《おお》くの実習生《じっしゅうせい》が、借金《しゃっきん》をして日本《にほん》にくるうえ、仕事《しごと》を自由《じゆう》に変《か》えることができないため、職場《しょくば》で暴力《ぼうりょく》をふるわれても、せまくてきたない部屋《へや》にぎゅうぎゅうに押《お》しこめられて生活《せいかつ》させられても、がまんするしかない人《ひと》たちもいました。

一時期《いちじき》は中国《ちゅうごく》から、最近《さいきん》ではカンボジアやベトナム、インドネシアなどからたくさんの実習生《じっしゅうせい》がやってきています。けれども出身国《しゅっしんこく》から家族《かぞく》をよびよせることはできません。

この技能実習制度《ぎのうじっしゅうせいど》は、外国人《がいこくじん》を「この社会《しゃかい》でいっしょに生《い》きていく人《ひと》たち」としてではなく、「経済《けいざい》をまわすために働《はたら》いてもらう機械《きかい》」のようにあつかっているとして、多《おお》くの批判《ひはん》の声《こえ》があがってきました。これからどのように根本的《こんぽんてき》な見直《みなお》しをできるかが注目《ちゅうもく》されます。

もっと知《し》りたい！ Q&A

Q24 難民《なんみん》の受《う》け入《い》れって負担《ふたん》なの？

A24 社会《しゃかい》の一員《いちいん》としてささえていくことを大切《たいせつ》にしたいね

難民《なんみん》と呼《よ》ばれる人《ひと》びとには、ふるさとをはなれる前《まえ》、学校《がっこう》に行《い》っていたり、仕事《しごと》をしていたりと、さまざまな日常《にちじょう》がありました。だからこそ、言語《げんご》を学《まな》んだり、働《はたら》く機会《きかい》や環境《かんきょう》が整《ととの》っていたりすれば、自立《じりつ》して生活《せいかつ》ができる人《ひと》もいます。ただ、大切《たいせつ》なのは、だれしもが順調《じゅんちょう》に仕事《しごと》をえて、みずから道《みち》を切《き》りひらけるわけではないということです。まったくことばや文化《ぶんか》がちがい、友《とも》だちも家族《かぞく》もだれもいない国《くに》に、とつぜん放《ほう》りこまれてしまったら——と想像《そうぞう》してみてください。なじみのない異国《いこく》で、一《いち》から生活《せいかつ》を立《た》て直《なお》していくのは、すさまじいエネルギーのいることです。

そのうえ、過去《かこ》に暴力《ぼうりょく》を受《う》けたことで心身《しんしん》に傷《きず》を負《お》っていたり、教育《きょういく》の機会《きかい》をうばわれたことで、字《じ》の読《よ》み書《か》きなどがうまくできず、仕事《しごと》につくことがとてもむずかしい人《ひと》たちもいます。「難民《なんみん》だって働《はたら》けば社会《しゃかい》の役《やく》にたつんだ、だから受《う》け入《い》れよう」という考《かんが》えでは、そうではない人《ひと》たちの声《こえ》がおきざりになってしまいます。

難民保護《なんみんほご》で大切《たいせつ》なのは、「役《やく》にたつ人《ひと》だから守《まも》ってあげよう」ではなく、「危険《きけん》からのがれてきた人《ひと》たちの命《いのち》をしっかり守《まも》ろう」です。仕事《しごと》をすることが困難《こんなん》な人《ひと》たちもいっしょにささえていくことは、国籍《こくせき》と関係《かんけい》なく、社会《しゃかい》としてごく自然《しぜん》なことではないでしょうか。

Q25 外国人《がいこくじん》がふえると犯罪《はんざい》がふえるってネットで見《み》たけど、ほんと？

A25 それはあやまった思《おも》いこみ。レッテルをはって差別《さべつ》するのはやめよう

テレビ番組《ばんぐみ》やYouTube《ユーチューブ》などで、「犯罪《はんざい》をした外国人《がいこくじん》」ということだけが強調《きょうちょう》され、「外国人《がいこくじん》って危《あぶ》ない」というイメージがつくりあげられてしまうことがあります。「なんだかこわいな」、「不安《ふあん》だな」と思《おも》ってしまうかもしれません。そんなときこそ、この本《ほん》の「はじめに」でかいたことに、もう一度《いちど》もどってみましょう。

たとえば○○国籍《こくせき》の人《ひと》がなにか違法《いほう》なことをしたり、わるいことをしたとします。そこ

で「○○人《じん》はみんな、危険《きけん》な人間《にんげん》だ!」とあつかうことや、「外国人《がいこくじん》」というさらに大《おお》きなくくりにして「危《あぶ》ない」というレッテルをはってしまうことは、差別《さべつ》にあたります。

難民《なんみん》の人《ひと》たちに対《たい》しても、「受《う》け入《い》れると治安《ちあん》がわるくなる、だから反対《はんたい》」という声《こえ》を耳《みみ》にすることがあります。けれどもじっさいには、難民《なんみん》とよばれる人《ひと》たちが危険《きけん》なのではなく、危険《きけん》な状況《じょうきょう》から逃《に》げてきた人《ひと》びとが難民《なんみん》と呼《よ》ばれているのです。

「難民《なんみん》といっしょに危《あぶ》ない人《ひと》も入《はい》ってくるかもしれない」といわれることもありますが、日本《にほん》には観光《かんこう》や仕事《しごと》など、ほかの理由《りゆう》で入国《にゅうこく》する人《ひと》たちのほうが圧倒的《あっとうてき》に多《おお》くいます。そのなかで難民《なんみん》だけを「危《あぶ》ない人《ひと》」とみなさなければならない理由《りゆう》はないでしょう。

かりに難民申請中《なんみんしんせいちゅう》の人《ひと》が、なにか法律《ほうりつ》に反《はん》するようなことを日本《にほん》のなかでしてしまったとしても、「難民申請者《なんみんしんせいしゃ》はみんな、わるい人間《にんげん》だ!」と考《かんが》えるのはまちがった理解《りかい》です。

Q26 「外国人《がいこくじん》は危《あぶ》ない」っていう偏見《へんけん》が広《ひろ》がると、どんなことが起《お》きるの?

A26 日本《にほん》でも過去《かこ》に悲《かな》しいできごとがあったよ。二度《にど》とくりかえしてはいけないね

「外国人《がいこくじん》は危《あぶ》ない」という偏見《へんけん》は、とても根深《ねぶか》いものです。約《やく》100年前《ねんまえ》、1923年《ねん》に起《お》きた関東大震災《かんとうだいしんさい》では、大《おお》きな地震《じしん》と火災《かさい》に見《み》まわれ、東京《とうきょう》やその周辺《しゅうへん》の街《まち》は大混乱《だいこんらん》でした。みんな、不安《ふあん》と恐怖《きょうふ》でいっぱいのなか、直後《ちょくご》から、「富士山《ふじさん》が噴火《ふんか》したらしい」、「首相《しゅしょう》が殺《ころ》されたらしい」という根拠《こんきょ》のないうわさが出《で》まわりました。

そのなかには、こんなものもあったのです。

「朝鮮人《ちょうせんじん》が井戸《いど》に毒《どく》を入《い》れてまわっている」、「朝鮮人《ちょうせんじん》が暴動《ぼうどう》を起《お》こしている」――。

そのデマを信《しん》じてしまった人《ひと》たちが、「朝鮮人《ちょうせんじん》から身《み》を守《まも》ろう」、「朝鮮人《ちょうせんじん》を見《み》たらやっつけよう」と、竹《たけ》やりや武器《ぶき》を手《て》に取《と》り、たくさんの人《ひと》が殺害《さつがい》されてしまったことがありました。

「外国人《がいこくじん》はきっと危険《きけん》なことをするにちがいない」という日常《にちじょう》のなかの差別《さべつ》は、こうして暴力《ぼうりょく》につながってしまうおそれもあるのです。

Q27 日本《にほん》でのくらしがたいへんなら、帰国《きこく》すればいいのでは？

A27 帰《かえ》ることのできない事情《じじょう》をかかえている人《ひと》たちがいることをわすれないで

在日《ざいにち》コリアンの人《ひと》たちに対《たい》して、「帰《かえ》れ」という差別的《さべってき》なことばが投《な》げつけられることがあります。けれどもどこに「帰《かえ》る」のでしょうか？ そもそも植民地支配《しょくみんちしはい》によって朝鮮《ちょうせん》半島《はんとう》の人《ひと》たちを「日本人《にほんじん》」としながら、戦後《せんご》、こんどは一方的《いっぽうてき》に「外国人《がいこくじん》」にした歴史《れきし》があります。

「だったら日本人《にほんじん》になればいい」と言《い》われてしまうこともありますが、本来《ほんらい》、国籍《こくせき》はだれかに強《し》いられて選《えら》ぶものではありません。かりに「日本《にほん》の国籍《こくせき》を取《と》りたい」と望《のぞ》む人《ひと》がいたとしても、日本《にほん》のきびしい審査《しんさ》のなかで、時間《じかん》がかかったり、弁護士《べんごし》さんに専門的《せんもんてき》な書類《しょるい》をたのんで、とてもお金《かね》がかかることもあります。

人間《にんげん》は生《い》きるうえで、たくさんの移動《いどう》をします。街《まち》から街《まち》へ、場合《ばあい》によっては国《くに》から国《くに》へ。移動《いどう》した先《さき》で友《とも》だちができたり、家族《かぞく》ができたりすることもあるでしょう。

そんな生活《せいかつ》をとつぜん否定《ひてい》され、まったくちがう場所《ばしょ》に移《うつ》らなければならないことがどれほどたいへんなことかは、第《だい》3章《しょう》で紹介《しょうかい》したアハメットさんのたどってきた道《みち》のりからもわかります。

最近《さいきん》では「日本《にほん》がいやなら帰《かえ》ればいい」というインターネット上《じょう》のかきこみが、在日《ざいにち》コリアン以外《いがい》の人《ひと》たちにむけられています。でも、「自分《じぶん》が気《き》にいらない人《ひと》は、追《お》い出《だ》していい」という社会《しゃかい》は、とても息《いき》ぐるしいものでしょう。

では、どうしたらさまざまな国籍《こくせき》やルーツの人《ひと》たちと、「ともに生《い》きる」社会《しゃかい》をつくることができるのでしょうか。「わたしたちにできること」を次《つぎ》の章《しょう》で考《かんが》えてみたいと思《おも》います。

06

いっしょに遊《あそ》ぼう、
ほしい未来《みらい》をつくろう

難《なん》民《みん》・移《い》民《みん》フェスのお話《はなし》

みなさん、こんにちは。

タミンサーピービーラー（ごはん食《た》べた？／ミャンマーのあいさつ）

サンゴニーニ？（なんかニュースある？／アフリカ・コンゴのあいさつ）

いろんな国《くに》のことばであいさつしながらにぎやかに登場《とうじょう》したわたくし、金井真紀《かないまき》と申《もう》します。仕事《しごと》は文《ぶん》や絵《え》をかくこと。この本《ほん》ではここまで、安田菜津紀《やすだなつき》さんがかいた文章《ぶんしょう》にそえるさし絵《え》を担当《たんとう》してきました。そして仕事《しごと》とはべつに、2022年《ねん》から仲間《なかま》といっしょに「難民《なんみん》・移民《いみん》フェス」というイベントをやっています。公園《こうえん》を借《か》りて、日本《にほん》に住《す》む難民《なんみん》や移民《いみん》の人《ひと》たち――とりわけ仮放免《かりほうめん》の人《ひと》たち――に得意料理《とくいりょうり》や手《て》づくり雑貨《ざっか》をもちよってもらい、あるいは歌《うた》や楽器演奏《がっきえんそう》を披露《ひろう》してもらい、みんなでワイワイ遊《あそ》ぶイベントです。

この本《ほん》をここまで読《よ》んでくれたみなさんは、日本《にほん》の入管制度《にゅうかんせいど》にはいろいろ問題《もんだい》があって、とくに仮放免者《かりほうめんしゃ》のくらしはとてもたいへんだと理解《りかい》してくださっていると思《おも》います。働《はたら》くことがゆるされず収入《しゅうにゅう》がない。健康保険証《けんこうほけんしょう》がないから病院《びょういん》になかなか行《い》けない。住《す》んでいる都道府県《とどうふけん》を許可《きょか》なく出《で》ることもできない。そんな仮放免《かりほうめん》の人《ひと》たちとどうしていっしょに遊《あそ》ぶことになったのか、どんなふうに遊《あそ》んでいるのか、お知《し》らせしたいと思《おも》います。

長《なが》いあいだ、入管《にゅうかん》や難民《なんみん》についてまったく知《し》らずにぼんやり生《い》きてきました。数年前《すうねんまえ》にひょんなことから日本《にほん》でくらす難民《なんみん》となかよくなって、この問題《もんだい》が急《きゅう》に身近《みぢか》になりました。

最初《さいしょ》の友《とも》だちはアフリカからきたジャック。国《くに》の資源《しげん》をひとり占《じ》めしていた政治家《せいじか》に対《たい》する反対運動《はんたいうんどう》に加《くわ》わったためにに命《いのち》をねらわれ、10年《ねん》ほど前《まえ》にたったひとりで日本《にほん》に逃《に》げてきた男性《だんせい》です。ジャックが国《くに》を出《で》たあと、彼《かれ》をさがす警察《けいさつ》や銃《じゅう》をもった人《ひと》たちが実家《じっか》に押《お》しかけてきて両親《りょうしん》とおいっ子《こ》は殺害《さつがい》されてしまったとか。日本《にほん》で難民申請《なんみんしんせい》をしてもなかなかみとめてもらえず、現在《げんざい》は仮放免《かりほうめん》の状態《じょうたい》です。

「え……お父《とう》さんとお母《かあ》さん、殺《ころ》されたの……」

最初《さいしょ》に話《はなし》をきいたとき、わたしはびっくりしました。「難民《なんみん》」も「殺害《さつがい》」も、それまではニュースで耳《みみ》にするだけの、自分《じぶん》とは縁遠《えんどお》いことばだったから。

わたしは友《とも》だちを誘《さそ》ってジャックの家《いえ》に遊《あそ》びに行《い》き、楽《たの》しくつきあうようになりました。アフリカの料理《りょうり》をつくってもらっていっしょに食《た》べたり、アフリカの言語《げんご》を教《おし》えてもらったり、公園《こうえん》でサッカーやダンスをしたり。

ジャックはおしゃれで、いつもかっこいいシャツやパンツを着《き》ています。仮放免《かりほうめん》になる前《まえ》は埼玉県《さいたまけん》の工場《こうじょう》でまじめに働《はたら》いていたというから、そのころはきっと服《ふく》を買《か》うのが楽《たの》しみだったんでしょうね。

ジャックはわたしたち日本人《にほんじん》の仲間《なかま》に会《あ》うと、いつもニコニコ、というかヘラヘラしています。でもときどきボソッと「ひとりで家《いえ》にいるのはさびしいよ」とか「仕事《しごと》したいなぁ」とかいう。それをきくとわたしたちはハッとします。ジャックはたいへんな苦労《くろう》をして日本《にほん》にたどり着《つ》いたのに、家族《かぞく》もうしなってしまったのに、いまなおつらい日々《ひび》を送《おく》らなきゃいけない。日本《にほん》で働《はたら》いて、好《す》きなものを買《か》って、困《こま》っている友《とも》だちがいたら助《たす》けて、社会《しゃかい》とつながりたいと切望《せつぼう》しているのにそれができない。この国《くに》は難民《なんみん》に対《たい》してなんて冷《つめ》たいんだろう。

ジャックの家《いえ》で楽《たの》しい時間《じかん》をすごしたあとの帰《かえ》り道《みち》、いつもみんなで「わたしたちにできることはなんだろう」と話《はな》していました。でもいい案《あん》はぜんぜん思《おも》いうかばなくて、うなだれるばかり。「友《とも》だちなのに、できることがないね……」。

つぎに南米《なんべい》からきたペニャさんと知《し》り合《あ》いました。ペニャさんはもともと腕《うで》のいい料理人《りょうりにん》として来日《らいにち》し、レストランでバリバリ働《はたら》いていた人《ひと》。ところが東日本大震災《ひがしにほんだいしんさい》の影響《えいきょう》で仕事《しごと》とビザをうしなって入管《にゅうかん》に収容《しゅうよう》されてしまいました。いまも仮放免《かりほうめん》で働《はたら》くことができません。

「そんなひどい話《はなし》ある？」

エンパナーダ

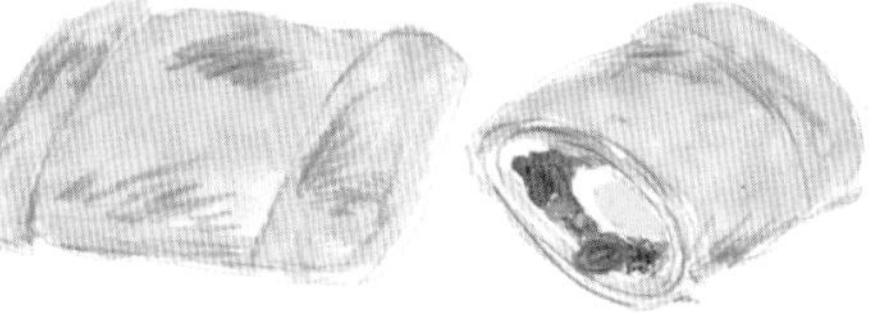

わたしは髙谷幸《たかやさち》さん（社会学者《しゃかいがくしゃ》）と熊崎敬《くまざきたかし》さん（ライター）と3人《にん》で公園《こうえん》のベンチにすわって、ペニャさんがつくってくれたエンパナーダ（ミートパイ）をもぐもぐ食《た》べながらおこっていました。

「いつまでも働《はたら》けないままなんてひどくない？」

「こんなおいしいものをつくれる人《ひと》がシェフでいられないなんて、もったいないよ」

冬《ふゆ》の午後《ごご》、公園《こうえん》にはやわらかいひざしがふりそそいでいました。わたしたちは口《くち》のまわりにパイのかけらをくっつけたまま話《はなし》に熱中《ねっちゅう》しました。そして思《おも》いついちゃったんです。

「ペニャさんにエンパナーダをつくってもらって、ジャックにおしゃれな雑貨《ざっか》をつくってもらって、みんなで遊《あそ》んだらきっと楽《たの》しいよね」

「なにそれ最高《さいこう》じゃん」

「難民《なんみん》・移民《いみん》フェスってイベントにしたらどう？」

「わーいいね。やろうやろう」

それが難民《なんみん》・移民《いみん》フェスのはじまりでした。

髙谷《たかや》さんは外国人《がいこくじん》や生活《せいかつ》に困《こま》っている人《ひと》を支援《しえん》している団体《だんたい》に声《こえ》をかけました。仮放免者《かりほうめんしゃ》の生活《せいかつ》を助《たす》けている人《ひと》、入管制度《にゅうかんせいど》や難民《なんみん》の事情《じじょう》にくわしい人《ひと》が集《あつ》まってきました。わたしと熊崎《くまざき》さんは本《ほん》やテレビ、映画《えいが》の仕事《しごと》をしている仲間《なかま》に声《こえ》をかけました。こちらは企画《きかく》したり伝《つた》えたりするのが得意《とくい》な人《ひと》たち。そういうごちゃごちゃのメンバーで、難民《なんみん》・移民《いみん》フェス実行委員会《じっこういいんかい》が結成《けっせい》されました。

まずはそれぞれが仮放免《かりほうめん》の友人知人《ゆうじんちじん》たちに「フェスをやろうと思《おも》うんだけど、なにがしたい？」ときいてみました。すると「ゴスペルを歌《うた》いたい」、「みんなにドーナツをふるまいたい」、「ビーズのアクセサリーをつくるのが得意《とくい》」など具体的《ぐたいてき》なアイデアがあがってきました。うひょひょ、早《はや》くも楽《たの》しくなりそうな予感《よかん》！

わたしたちもさっそくジャックのところに集《あつ》まって「ジャックはフェスでなにをするか会議《かいぎ》」を開催《かいさい》しました。いろいろアイデアを出《だ》し合《あ》っているなかで、「ジャックはおしゃれだからミシンでなにかぬうのはどうかな」という意見《いけん》が出《で》て、ジャックははにかみながらうなずきました。

「ミシンやったことない。けど、やってみたい」

そこで友《とも》だちのひとりがミシンを貸《か》してくれて、別《べつ》の友《とも》だちがそのミシンを車《くるま》でジャックの家《いえ》に運《はこ》んでくれて、また別《べつ》の友《とも》だちがジャックにミシンを教《おし》えてくれることになりました。

ジャックがはじめてミシンをさわった日《ひ》のことはよくおぼえています。おそるおそるためしぬいをはじめたジャックの表情《ひょうじょう》がどんどんかがやいていき、数時間《すうじかん》で手《て》さげぶくろが完成《かんせい》。

「キトコ！（かわいい）」

みんなでもりあがって記念写真《きねんしゃしん》を何枚《なんまい》もとりました。それからジャックは家《いえ》にひとりでいるとき、ミシンをするようになりました。このあいだなんて、ミシンをなでながら「わたしの家《か》族《ぞく》だよ」というから笑《わら》っちゃいました。ジャックのさびしさは変《か》わらないけど、でもミシンのおかげでジャックとわたしたちの気《き》もちが少《すこ》しだけ楽《らく》になったことはまちがいありません。


冬《ふゆ》が終《お》わり、桜《さくら》が咲《さ》き、花《はな》びらが散《ち》って葉桜《はざくら》に。難民《なんみん》・移民《いみん》フェス実行委員会《じっこういいんかい》はミーティングを重《かさ》ねていきました。会場《かいじょう》は東京都練馬区《とうきょうとねりまく》の平成《へいせい》つつじ公園《こうえん》、日程《にってい》は2022年《ねん》6月《がつ》4日《よっか》に決定《けってい》。料理《りょうり》、お菓子《かし》、手芸品《しゅげいひん》、アクセサリーなど出店者《しゅってんしゃ》もそろってきました。ふだんは編集者《へんしゅうしゃ》、ライター、写真家《しゃしんか》、テレビディレクター、映画《えいが》プロデューサーなど伝《つた》える仕事《しごと》をしている仲間《なかま》と集《あつ》まってチラシをつくったり、SNS《エスエヌエス》で広報《こうほう》したり、さまざまな方法《ほうほう》でこの新《あたら》しいこころみを宣伝《せんでん》しました。

わたしもはりきってたくさんの絵《え》をかきました。ふだんはなかなか仕事《しごと》に取《と》りかからないなまけ者《もの》のわたしが、なぜか難民《なんみん》・移民《いみん》フェスのためならあれもこれもどんどん進《すす》めちゃうのが自分《じぶん》でもふしぎでした。きっとみなさんにも、そういうときがあるでしょう？　どんどん進《すす》めちゃうときってワクワクしますよね。

仮放免《かりほうめん》の人《ひと》たちを集《あつ》めてフェスをするにあたって、考《かんが》えることがいろいろありました。たとえば「フェスで物《もの》を売《う》ると、仮放免者《かりほうめんしゃ》が仕事《しごと》をしていると誤解《ごかい》されないだろうか」という議論《ぎろん》になりました。入管《にゅうかん》の「ルール」をやぶっているわけではないとしめすために、売上《うりあげ》は実行委《じっこうい》員会《いんかい》が受《う》けとることにしました。売上《うりあげ》や寄付《きふ》はまとめて実行委員会《じっこういいんかい》が管理《かんり》し、そのお金《かね》を使《つか》って国内外《こくないがい》の難民《なんみん》のくらしを助《たす》けるしくみです。うん、きっとこれならだいじょうぶ！

また「難民《なんみん》のなかには名前《なまえ》や国籍《こくせき》を公表《こうひょう》したくない人《ひと》、日本《にほん》に逃《に》げてきたことをかくしたい人《ひと》もいるけど、フェスでその人《ひと》たちの安全《あんぜん》を守《まも》れるだろうか」も大《おお》きな心配《しんぱい》ごとでした。

たとえばだれかがSNS《エスエヌエス》にアップしたフェスの写真《しゃしん》のなかに、居場所《いばしょ》をないしょにしている難民《なんみん》が写《うつ》っていたら……。本人《ほんにん》や祖国《そこく》に残《のこ》っているご家族《かぞく》に身《み》の危険《きけん》がおよぶ可能性《かのうせい》だってあります。わたしはジャックが日本《にほん》にきたあとで彼《かれ》の両親《りょうしん》が殺害《さつがい》されたことを思《おも》い出《だ》して身《み》ぶるいしました。わー、ぜったいダメだ！　それで「人物《じんぶつ》が特定《とくてい》される（顔《かお》が写《うつ》る）写真《しゃしん》を撮影《さつえい》するのはダメ」というきびしいルールをもうけることにしました。

はたしてうまくいくのか。なにか問題《もんだい》が起《お》きやしないだろうか。ドキドキしながらむかえた難民《なんみん》・移民《いみん》フェス当日《とうじつ》。

朝《あさ》の公園《こうえん》にアフリカの人《ひと》、アジアの人《ひと》、南米《なんべい》の人《ひと》、中東《ちゅうとう》の人《ひと》……さまざまなルーツの人《ひと》が集《あつ》まってきました。大《おお》きな木《き》の下《した》をステージにして、マイクを設置《せっち》。そのまわりにテントを立《た》て、20ほどのお店《みせ》が並《なら》びました。とびかうことばもさまざま、ただよう料理《りょうり》のにおいもさまざま、きこえてくる音楽《おんがく》もさまざま。なんて豊《ゆた》かな空間《くうかん》だろう、と胸《むね》がいっぱいになりました。

あちらこちらでドタバタ劇《げき》も起《お》きました。お店《みせ》を出《だ》してくれる人《ひと》のなかには、ゆうゆうと遅《ち》刻《こく》してくる人《ひと》がいます。その一方《いっぽう》でスタート前《まえ》からフライングしてお店《みせ》をはじめちゃう人《ひと》もいるし、お店番《みせばん》にあきて途中《とちゅう》でどっか行《い》っちゃう人《ひと》もいるし。

おいおい、みんなマイペースすぎるよ！

あきれながら、でももしかしたらわたしの考《かんが》えが窮屈《きゅうくつ》なのかもしれない、とも思《おも》いました。日本《にほん》では電車《でんしゃ》は時刻表《じこくひょう》どおりにくるし、ある日《ひ》とつぜんお札《さつ》が使《つか》えなくなることもないし、停電《ていでん》や断水《だんすい》もめったにありません。だから段取《だんど》りを決《き》めて、そのとおりに動《うご》こうという発想《はっそう》になる。でも世界《せかい》には思《おも》いどおりにいかない状況《じょうきょう》をどうにかして生《い》きのびなければいけない国《くに》がたくさんあります。

わたしももしそういうところで育《そだ》ったら「段取《だんど》りなんて屁《へ》の河童《かっぱ》」と考《かんが》える人間《にんげん》になっていたかも。遅刻《ちこく》してもオッケー、わすれものをしてもノープロブレム（問題《もんだい》ない）、雨《あめ》が降《ふ》ってもインシャアッラー（神様《かみさま》の思《おぼ》し召《め》しのままに）……。小《ちい》さなことにいちいちあわてない仲間《なかま》に会《あ》うと、そのおおらかさ、たくましさを見習《みなら》いたい気《き》がしてきます。
「段取《だんど》りの国《くに》」で生《い》きる実行委員《じっこういいん》やボランティア参加《さんか》の面々《めんめん》は、フェス前日《ぜんじつ》まで気《き》をもんでいました。「お客《きゃく》さんがこなかったらどうしよう」、「売《う》れ残《のこ》ったら気《き》の毒《どく》だから、わたしたちで買《か》おうね」なんて。

でもイベント開始時刻《かいしじこく》の午前《ごぜん》11時《じ》をむかえると、公園《こうえん》はお客《きゃく》さんでうめつくされました。親《おや》子《こ》づれ、カップル、友《とも》だちどうし。もちろんひとりで遊《あそ》びにきてくれた人《ひと》もたくさん。車《くるま》いすの人《ひと》、視覚障《しかくしょう》がいがあって白杖《はくじょう》を使《つか》っている人《ひと》、高校生《こうこうせい》、大学生《だいがくせい》、留学生《りゅうがくせい》。「難民《なんみん》が日本《にほん》にいるなんて知《し》らなかった」、「いっしょに楽《たの》しい時間《じかん》をすごしたい」、「もし困《こま》っているなら応援《おうえん》したい」……そんな思《おも》いで足《あし》を運《はこ》んでくれた人《ひと》がなんと800人《にん》も。フェスの運営費《うんえいひ》はみなさんの寄付《きふ》と売上《うりあげ》だけで成《な》り立《た》っているので、ほんとうにホッとしました。会場《かいじょう》には行《い》けないけど応援《おうえん》している、といって寄付《きふ》を送金《そうきん》してくれた人《ひと》もいました。あぁ、ひとりひとりの手《て》をとってお礼《れい》をいいたい!

はつなつの風《かぜ》が吹《ふ》きわたる公園《こうえん》は、にぎやかな笑《わら》い声《ごえ》で満《み》ちていました。ジャックは自分《じぶん》がぬったカバンがほめられるたびにニヤニヤしていました。ペニャさんのエンパナーダには長《なが》い行列《ぎょうれつ》です。ステージでアフリカの太鼓演奏《たいこえんそう》がはじまると、本書《ほんしょ》に登場《とうじょう》するリアナさんのお母《かあ》さんがまんできずにおどり出《だ》しました。夢《ゆめ》みたいな時間《じかん》がすぎていきました。

「きょうはとてもしあわせな日《ひ》です。でもあしたになれば、仮放免《かりほうめん》の人《ひと》たちにはつらいくらしが待《ま》っています。技術《ぎじゅつ》があるのに働《はたら》けない、子《こ》どもの学費《がくひ》がない、病気《びょうき》の治療《ちりょう》が受《う》けられない、もうホームレスになるしかない……そういう人《ひと》たちがいることをどうか知《し》ってください」

ステージで大澤優真《おおさわゆうま》さんが話《はな》し出《だ》すと、あたりの空気《くうき》は一変《いっぺん》しました。仮放免者《かりほうめんしゃ》のくらしをサポートする活動《かつどう》をつづけている大澤《おおさわ》さんは、ていねいな語《かた》り口《くち》でかれらがおかれたつらい現状《げんじょう》を伝《つた》えてくれたのです。仮放免者《かりほうめんしゃ》が向《む》き合《あ》う現実《げんじつ》に衝撃《しょうげき》を受《う》けて、みんな真剣《しんけん》な顔《かお》でききいっていました。

終了予定《しゅうりょうよてい》の15時《じ》を待《ま》たずに、あちこちのお店《みせ》で「売《う》り切《き》れ」のはり紙《がみ》が出《で》ました。難民《なんみん》・移民《いみん》フェスはたくさんの人《ひと》にささえられて、大成功《だいせいこう》で幕《まく》を閉《と》じました。

大《おお》さわぎの一日《いちにち》が終《お》わったとき、みんなが口々《くちぐち》に言《い》ったことは、

「次《つぎ》のフェスはいつ？」

ごちゃごちゃでしあわせなイベントをまたやろう。ぜひやってほしい。こんどはあんなことがしたい、こんなことがしたい。そういう声《こえ》が集《あつ》まりました。

ある参加者《さんかしゃ》は、「いつも助《たす》けてもらう側《がわ》にいるぼくが、なにかをする側《がわ》になって多《おお》くの人《ひと》か

アフリカ布のかばん
クルドのピザ
ミャンマーのカレー
チュニジアのおやつ
ガーナのケバブ
アフリカのアクセサリー
イランのお茶
アフリカのドーナツ

ら『ありがとう』といってもらえた。日本《にほん》に来《き》ていちばんうれしい日《ひ》だった」といってくれました。クルドの女性《じょせい》たちはフェスが終《お》わってから1週間毎日《しゅうかんまいにち》「楽《たの》しかったね、またやりたいね」といいつづけたそうです。

そんな話《はなし》をきいちゃったら、やめられない！

以来《いらい》、難民《なんみん》・移民《いみん》フェスは半年《はんとし》に1回《かい》のペースで開催《かいさい》されています。

第《だい》2回《かい》は2022年《ねん》11月《がつ》23日《にち》に埼玉県川口市《さいたまけんかわぐちし》のリリアパークで。ものすごい土砂降《どしゃぶ》りだったのに2000人《にん》近《ちか》い人《ひと》がつめかけてくれました。

第《だい》3回《かい》は2023年《ねん》5月20日《がつはつか》に東京都練馬区《とうきょうとねりまく》の平成《へいせい》つつじ公園《こうえん》で。最後《さいご》に参加者全員《さんかしゃぜんいん》で綱引《つなひ》きをやってめちゃくちゃ盛《も》り上《あ》がりました。

第《だい》4回《かい》は2023年《ねん》11月4日《がつよっか》に東京都杉並区《とうきょうとすぎなみく》の柏《かしわ》の宮公園《みやこうえん》で。この本《ほん》に登場《とうじょう》する石日分《そくいるぶん》さんたちが「移民《いみん》の先輩《せんぱい》」としてキムチの漬《つ》けかたを教《おし》えてくれました。

さらに、大学祭《だいがくさい》や商店街《しょうてんがい》のお祭《まつ》りなどに呼《よ》んでもらうことも増《ふ》えて、「難民《なんみん》・移民《いみん》フェス出張編《しゅっちょうへん》」も各地《かくち》で開催《かいさい》しています。毎回《まいかい》ドラマがあって、笑《わら》ったり泣《な》いたりあきれたり。いまでは実行委員《じっこういいん》のメンバーに難民当事者《なんみんとうじしゃ》も加《くわ》わって、さらにごちゃごちゃ度《ど》が増《ま》しています。

難民《なんみん》・移民《いみん》フェスはなんでこんなに楽《たの》しいんだろう、と考《かんが》えることがあります。たぶん、その日《ひ》公園《こうえん》で繰《く》り広《ひろ》げられる光景《こうけい》はわたしの「ほしい未来《みらい》」だからです。いろんなルーツの人《ひと》が、それぞれの得意《とくい》なもの、好《す》きなものを持《も》ち寄《よ》ってワイワイさわぐ。みんなで「いいねいいね」とほめあう。そういう風景《ふうけい》がこの国《くに》の日常《にちじょう》になったらどんなにおもしろいでしょう。

難民《なんみん》・移民《いみん》フェスは「ほしい未来《みらい》」を一日《いちにち》だけさきどりする日《ひ》。

だから楽《たの》しい。

ほしい未来《みらい》をあきらめず、これからもみんなといっしょにぴょんぴょんはねて、おどって、歌《うた》って、遊《あそ》んでいきたいと思《おも》います。

おわりに

みなさんはここまでのお話《はなし》を、どう感《かん》じていますか。

「多様性《たようせい》」がさかんにかかげられているこの社会《しゃかい》で、「在留資格《ざいりゅうしかく》がない」ということだけで、「なかまではない」とはじき出《だ》され、人間《にんげん》ではないかのようにあつかわる人《ひと》たちが、たしかに存在《そんざい》しています。でもそれはほんとうに、わたしたちがめざしたい社会《しゃかい》のすがたでしょうか。

「はじめに」でもかいたように、もはや日本《にほん》のくらしは、外国人労働者《がいこくじんろうどうしゃ》の人《ひと》たちなしでは成《な》りたちません。いま、働《はたら》いている外国人《がいこくじん》がいっせいに仕事《しごと》をやめてしまった場合《ばあい》、わたしたちの食《た》べるものはとどかず、工場《こうじょう》もとまり、街《まち》の生活《せいかつ》は動《うご》かなくなってしまうでしょう。

けれども、わすれてはいけないことがあります。「そうか、働《はたら》いて日本《にほん》をささえてくれているんだ。だから、権利《けんり》をみとめよう」、「日本《にほん》に貢献《こうけん》している人《ひと》たちだから、人権《じんけん》を守《まも》ってあげよう」という身勝手《みがって》な考《かんが》えにとらわれてしまっていないでしょうか。「役《やく》にたつ人《ひと》だから大切《たいせつ》にする」は、裏《うら》をかえせば、「役《やく》にたたない人《ひと》は帰《かえ》ってほしい」です。

人間《にんげん》はだれしも、いいことをすることもあれば、まちがったことをしてしまうこともあり、そのまちがったことに対《たい》して、罰《ばつ》を受《う》けることもあるかもしれません。いろいろな人《ひと》と日常《にちじょう》のなかでかかわるとき、かならずしも、なかよくできる相手《あいて》ばかりではありません。けれども、どんな人《ひと》であれ、「人間《にんげん》としてあつかわない」ということがあってはならないはずです。そうした視点《してん》にたって社会《しゃかい》のしくみをつくらなければ、「多様《たよう》」な社会《しゃかい》はいつまでたっても実現《じつげん》しません。

この本《ほん》を読《よ》んだあとに、あらためて耳《みみ》をかたむけてみませんか？　この社会《しゃかい》で「いないこと」にされがちだった人《ひと》びとの、「ここにいるよ」という声《こえ》に。

謝《しゃ》辞《じ》

法律《ほうりつ》の監修《かんしゅう》をつとめてくださった高橋済《たかはしわたる》弁護士《べんごし》には、専門的《せんもんてき》な知見《ちけん》はもちろん、わたしが見落《みお》としていた人権上《じんけんじょう》の問題《もんだい》を何度《なんど》も気《き》づかせてもらいました。イラストと難民《なんみん》・移民《いみん》フェスの文章《ぶんしょう》を担当《たんとう》してくださった金井真紀《かないまき》さんは、すべての取材《しゅざい》に同行《どうこう》してくださり、その真摯《しんし》な姿勢《しせい》に学《まな》ぶことばかりです。デザイナーの生駒浩平《いこまこうへい》さんには、どうすればこの本《ほん》に登場《とうじょう》する人《ひと》たちのことがより伝《つた》わるか、たくさんの大切《たいせつ》な視点《してん》をいただきました。また、入管《にゅうかん》の問題《もんだい》に長《なが》年取《ねんと》りくんできた周香織《しゅうかおり》さん、鳥井一平《とりいいっぺい》さん、駒井知会《こまいちえ》弁護士《べんごし》、川崎《かわさき》・ふれあい館《かん》の崔江以子《ちぇかんいぢゃ》さん、遠原輝《とうはらあきら》さんにもお力添《ちからぞえ》えをいただきました。

この本《ほん》は、出版社《しゅっぱんしゃ》・編集者《へんしゅうしゃ》のみなさんと問題意識《もんだいいしき》を共有《きょうゆう》できなければ進《すす》められないものでした。「子ども向《む》けの本《ほん》をつくりたい」と連絡《れんらく》をしたとき、二《ふた》つ返事《へんじ》で「刊行《かんこう》しましょう！」と決断《けつだん》してくださったヘウレーカの大野祐子《おおのゆうこ》さん、森本直樹《もりもとなおき》さん、ありがとうございました。

なにより、この本《ほん》のために話《はなし》をきかせてくださった方《かた》がたに感謝《かんしゃ》します。つらい体験《たいけん》を思《おも》い起《お》こしながらも、その記憶《きおく》の一部《いちぶ》をわけてくださったことをしっかりと受《う》けとめ、今後《こんご》も発信《はっしん》をつづけます。だれしもが、尊厳《そんげん》のあるくらしができる社会《しゃかい》をめざして。

安田菜津紀《やすだなつき》

安田菜津紀（やすだなつき）

1987年《ねん》神奈川県《かながわけん》生《う》まれ。フォトジャーナリスト。認定《にんてい》NPO法人《ほうじん》Dialogue for People（ダイアローグフォーピープル/D4P）副代表《ふくだいひょう》。16歳《さい》のとき、「国境《こっきょう》なき子《こ》どもたち」友情《ゆうじょう》のレポーターとしてカンボジアで貧困《ひんこん》にさらされる子《こ》どもたちを取材《しゅざい》。現在《げんざい》、東南《とうなん》アジア、中東《ちゅうとう》、アフリカ、日本国内《にほんこくない》で難民《なんみん》や貧困《ひんこん》、災害《さいがい》の取材《しゅざい》を進《すす》める。東日本大震災以降《ひがしにほんだいしんさいいこう》は陸前高田市《りくぜんたかたし》を中心《ちゅうしん》に、被《ひ》災地《さいち》を記録《きろく》しつづけている。著書《ちょしょ》に『国籍《こくせき》と遺書《いしょ》、兄《あに》への手紙《てがみ》――ルーツを巡《めぐ》る旅《たび》の先《さき》に』（ヘウレーカ）ほか。現在《げんざい》、TBSテレビ『サンデーモーニング』にコメンテーターとして出演中《しゅつえんちゅう》。

金井真紀（かないまき）

1974年《ねん》千葉県《ちばけん》生《う》まれ。文筆家《ぶんぴつか》・イラストレーター。「多様性《たようせい》をおもしろがる」を任務《にんむ》とする。著書《ちょしょ》に『はたらく動物《どうぶつ》と』（ころから）、『パリのすてきなおじさん』（柏書房《かしわしょぼう》）、『虫《むし》ぎらいはなおるかな？』（理論社《りろんしゃ》）、『世界《せかい》はフムフムで満《み》ちている』（ちくま文庫《ぶんこ》）、『日本《にほん》に住《す》んでる世界《せかい》のひと』（大和書房《だいわしょぼう》）、『おばあちゃんは猫《ねこ》でテーブルを拭《ふ》きながら言《い》った 世界《せかい》ことわざ紀行《きこう》』（岩波書店《いわなみしょてん》）、『テヘランのすてきな女《おんな》』（晶文社《しょうぶんしゃ》）など。難民《なんみん》・移民《いみん》フェス実行委員《じっこういいん》。

それはわたしが外国人《がいこくじん》だから？

日本《にほん》の入管《にゅうかん》で起《お》こっていること

2024年4月15日　初版第1刷発行
2024年12月10日　初版第4刷発行

著　者　　安田菜津紀
絵と文　　金井真紀
法律監修　高橋　済
発行者　　大野祐子／森本直樹
発行所　　合同会社ヘウレーカ
http://heureka-books.com
〒180-0002　東京都武蔵野市吉祥寺東町2-43-11
TEL：0422-77-4368　FAX：0422-77-4368
ブックデザイン　生駒浩平（サイカンパニー）
印刷・製本　株式会社シナノ

ISBN 978-4-909753-17-5　C0036